Mit »Der Klügere gibt Nachhilfe« will der Sprachliebhaber und Wortvirtuose Philipp Scharri seine eigene Begeisterung für Sprache mit den Leserinnen und Lesern und seiner stetig wachsenden Fan-Gemeinde teilen – mit Sprachwitz, Wortspielen und vielen Reimen. Ein Buch, das Lust auf Sprache macht (oder wieder wachküsst) und mit herkömmlicher Nachhilfe nichts am Hut hat.

»Zu Recht nennt er sich Superscharri« (Sarah Kuttner)

Philipp Scharri ist Kabarettist, Poetry Slammer und Performance Poet, weil das so schön schick klingt. Seine Neigung zu unkontrollierten Wortspielereien brachte ihm als Kind regelmäßig blaue Flecken ein, doch seit er sie in aufwendige Gedichtepen verpackt, ernten dieselben Wortspiele erstaunlich viel Applaus. Und inzwischen geben ihm Leute sogar Geld dafür. Er ist selbst erstaunt, was aus einem werden kann, auch wenn man Germanistik und Philosophie studiert hat. Seit 2006 ist Philipp Scharri auf unzähligen deutschsprachigen Poetry Slam- und Kabarett-Bühnen unterwegs, seit 2009 mit seinem ersten abendfüllenden Programm „Der Klügere gibt Nachhilfe". Auch im Hörfunk und TV ist er regelmäßig zu hören und zu sehen, u.a. in SWR, WDR, SR, BR, 3sat, SAT 1.

Weitere Informationen, auch zu E-Book-Ausgaben,
finden Sie bei www.fischerverlage.de

Philipp Scharri

Der Klügere gibt Nachhilfe
Sprachakrobatik für alle Lebenslagen

Ein Inspirations- und Sprachbastelbuch
mit Illustrationen
von Volker Collmann

Fischer Taschenbuch Verlag

Veröffentlicht im Fischer Taschenbuch Verlag,
einem Unternehmen der S. Fischer Verlag GmbH,
Frankfurt am Main, Mai 2012

© S. Fischer Verlag GmbH, Frankfurt am Main 2012
Satz: Dörlemann Satz, Lemförde
Druck und Bindung: Druckerei Kösel, Krugzell
Printed in Germany

ISBN 978-3-596-19077-5

Inhalt

Droht uns der Wortuntergang? – Die Vier Reiter der Sprachokalypse – Suffluppen und Rechtschreibreformulare – Schöpfung 2.0 – Ein Bagel mit beleidigter Leberwurst – Der politisch korrekte Kühlschrank – So – Gegen den Sprachverfall – Was man auf Dachböden so alles findet – Ein Verb, das ein Nomen sein wollte

Wenn Deutsch eine Stadt wäre – ›Poetical Kokettness‹ – Vorsicht vor Wortungeheuern – Die X-Men unter den Substantiven – Kant in der Küche – Philosophische Kochrezepte – Männliche Aggregatzustände und Liebesmetaphysik – Was is 'n das jetzt mit uns beiden?

Sprachliche Ahnenforschung – Keine Furcht vor Schweinen – Ärger über ein defektes Kommunikationsmittel – Wenn Bildung zur Sucht wird – Buchstaben rücken – Anleitung zur Weiterverarbeitung von Cannabis – Auch alte Wörter wollen leben

Die Spinnen des LiteratUrwalds – Zombie-Gedichte – Kant und die Currywurst – Das lyrische Genusssein – Lebendige Lyrik beim Poetry Slam – Sich duellierende Dichter – Ein furchtbares Begriffskuddelmuddel – Vom Versdichter zum Verdichter – Kürzeldichtung oder: die PoeSims

Vorwort

Sternstunden des kontrollierten Sprach-Wahnsinns

Dieser Typ strotzt nur so vor Wort. Also vor Wörtern.

Er strotzt vor Sätzen und vor Vorsätzen.

Sein Vorsatz: Zeilenperfektion.

Die deutschsprachige Poetry-Slam-Szene, deren Meister er 2009 gleich doppelt sein durfte, verehrt ihn, weil er wie kein Zweiter das Maximale aus jeder Gedicht-Zeile rausholt: Die Sprache, der Reim, der Witz und der Inhalt (ja, *Inhalt!*) – alles passt perfekt und bildet eine poetische Sonder-Einheit, die Herz und Zwerchfell Saltos schlagen lässt.

Halten Sie sich also bitte während des Lesens gut an diesem Buch fest!

Hier fliegt Ihnen auf den kommenden Seiten so einiges um die Ohren: von um den heißen Brei redenden und kochenden Philosophen über mit Toastbrot belegte Katzen bis hin zu Pampel-Musen-geilen Dichtern auf der Psycho-Couch – es gibt wenig, was Philipp Scharri nicht auf seinem Schmier-Zettel, dem Ausgangspunkt seiner Werke, stehen hat. Denn mit seinem steten Begleiter und größten Feind, dem weißen Blatt Papier, sitzt er als Dichter in der Zettel-Wirtschaft mit einer randvollen Vers-Maß am Wortstamm-Tisch und gibt den Löffel des Buchstabensuppen-Kaspars erst ab, wenn die Sperr- zur Sternstunde geworden ist und die Wörter ordentlich in Reim & Lied zum Takt des kontrollierten Sprach-Wahnsinns marschieren.

Philipp Scharri ist mit unglaublich viel Freude, Fleiß und Beflissenheit bei der Text-Arbeit. Nehmen Sie sich für diese Lektüre so viel Zeit, wie Philipp Scharri in sie hineingesteckt hat. Mit jedem Lesen wird man noch mal etwas Neues, Überraschendes und einzigartig Kreatives entdecken. Nicht nur zwischen, sondern auch *in* den Zeilen.

Ja, gehen Sie ruhig hinein in die Zeile! Hier haben Sie endlich die Möglichkeit dazu! Bei Scharris Live-Shows geht im Überschwang der Sprach-Gefühle schon mal ein Text-Detail verloren – dieses Buch hat alle diese Details aufgefangen, frisch angezogen und lässt sie jetzt für Sie wortakrobatisch tanzen!

Setzen Sie sich mit Philipp Scharris Sprache auseinander, analysieren Sie seine Texte, schreiben Sie Seminar- und Doktorarbeiten darüber, aber vergessen Sie nie, seine Dichtkunst auf Balkonen lauthals in die Welt hinaus zu rezitieren, damit Schiller, Busch & Co. wissen, wo im 21. Jahrhundert der Lyrik-Hammer hängt!

Bumillo, Frühjahr 2011

Einleitung

■ Bevor wir anfangen

Als erstes: Darf ich Du sagen?

Wenn ja, lest unbekümmert weiter. Wenn nicht, kopieren Sie bitte die untenstehende Tabelle einige Male auf einseitig klebendes Papier und zerschneiden Sie sie entlang der Linien. Benutzen Sie die Etiketten, um jedes *Ihr* im Text mit einem *Sie*, jedes *Euch* mit einem *Sie* (oder *sich* bzw. *Sie sich* bei reflexivem Gebrauch) und die *t*-Endung der dazugehörigen Verben mit einem *-en* zu überkleben. Vielen Dank, Sie besitzen nun ein Exemplar in Höflichkeitsform!

Sie	Sie	Sie	Sie	Sie	Sie	Sie	Sie	Sie	Sie
Sie	Sie	Sie	Sie	Sie	Sie	Sie	Sie	Sie	Sie
Sie	Sie	Sie	Sie	Sie	Sie	Sie	Sie	Sie	Sie
Sie	Sie	Sie	Sie	Sie	Sie	Sie	Sie	Sie	Sie
Sie	Sie	Sie	Sie	Sie	Sie	Sie	Sie	Sie	Sie
en	en	en	en	en	en	en	en	en	en
en	en	en	en	en	en	en	en	en	en
en	en	en	en	en	en	en	en	en	en
en	en	en	en	en	en	en	en	en	en
en	en	en	en	en	en	en	en	en	en
sich	sich	sich	sich	sich	sich	sich	sich	sich	sich
sich	sich	sich	sich	sich	sich	sich	sich	sich	sich
sich	sich	sich	sich	sich	sich	sich	sich	sich	sich
sich	sich	sich	sich	sich	sich	sich	sich	sich	sich
sich	sich	sich	sich	sich	sich	sich	sich	sich	sich

■ Was dieses Buch ist

Keine Sorge, dies ist kein Lehrbuch. Es will keine Nachhilfe geben, es möchte bloß ein wenig nachhelfen. Verglichen mit einer Schulstunde, entspricht es der Freiarbeit. Es ist kein Notenheft, sondern die Jamsession, der Freigang im Hof für alle, die in ihrem Sprachgebrauch gefangen sind. Es soll als Anregung dienen, als tägliche Inspi Ration. Ein Buch, mit dem man zwar nicht lernt, das perfekte Dinner zuzubereiten, aber aus dem, was im Kühlschrank ist, etwas Schmackhaftes zu kochen. Es soll nicht *an*leiten – nur *ver*leiten!

In erster Linie ist es ein Buch über Sprache. Die deutsche Sprache hat ein immenses schöpferisches Potential, doch wir schöpfen viel zu selten daraus. Wir spielen mit Holzbauklötzen, obwohl im Regal ein Zauberkasten steht. Dieses Buch soll dazu anstiften, es anders zu machen. Es soll Lust auf Sprache wecken und zum spielerischen Umgang mit ihr anregen, zum Mitmachen, zum Ausprobieren, zum Herumexperimentieren. Es ist ein Buch für Wortklauber, Silbenjongleure und Vokabelschelme, für Buchstabenverdreher und Sprachrevoluzzer. Ein Buch für den Poeten, der in jedem von uns schlummert. Ein Buch für Sprachliebhaber und solche, die es beim Lesen hoffentlich werden. Damit wir nicht nur mit Bauklötzen spielen, sondern auch welche staunen. Babys entdecken die Sprache, indem sie brabbeln. Auch wir können unsere Sprache neu entdecken, indem wir mit ihr spielen. Betrachtet dieses Buch als Gebrabbel 2.0!

Kleine Liebeserklärung an die Sprache

Ständig ist vom Untergang der Sprachkultur die Rede. In diesem Zusammenhang hört man immer wieder den Satz: »Der Dativ ist dem Genitiv sein Tod!« Um das zu überprüfen, war ich in einer Fußgängerzone unterwegs und habe Passanten befragt, was sie davon hielten, dass der Genitiv verschwinde. Es war wie so oft, wenn eine Art ausstirbt: Neunzig Prozent wussten nicht, dass es diese Art überhaupt gibt. Also half ich nach: »Weshalb gehen Sie nicht aus dem Haus – wegen *des schlechten Wetters* (Genitiv) oder wegen *dem schlechten Wetter* (Dativ)?« Da schaute mich ein Mann resigniert an und sagte: »Ach wissen Sie, das Problem hab ich gar nicht – ich geh ja auch raus bei schlechtem Wetter!« Der prägnanteste Kommentar aber, den ich bekam, war: »Genitiv? Weiß nicht. Ich kenn' nur den Genitivbereich …«

Das zeigt ziemlich deutlich, welchen Stellenwert die Sprache für manche Menschen hat. Viel zu viele betrachten Sprache als das, was vorne rauskommt, wenn man den Mund aufmacht – als eine Art akustischen Auswurf. Die Worte stürzen sich wie lebensmüde Lemminge aus ihrem Rachen und sehen entsprechend aus, wenn sie landen. Aber dafür ist Sprache zu schade! Sie ist mehr als ein bloßes Werkzeug zur Herstellung von Missverständnissen. Sprache macht Spaß! Man kann mit ihr spielen, mit ihr experimentieren. Man kann ständig stilechte Stabreime stottern, Satz und Wort zu Jamben timen und per Reim zusammenleimen, Anagramme bilden aus »Anagramme bilden« und damit »Lamm bandagieren« – und noch so vieles mehr …

Natürlich muss nicht jeder Mensch ein Sprachkünstler sein – um Gottes willen, dann wäre ich ja arbeitslos! Und was wäre das für eine Welt, in der jeder unaufhörlich reimend und Sprüche klopfend durch die Gegend liefe? Als Jugendlicher habe ich mich nachdrücklich für den kreativen Sprachgebrauch im Alltag eingesetzt und den Menschen die Worte im Mund herumgedreht – so vehement, dass mein bester Freund einen ganzen Tag lang nicht mehr mit mir geredet hat. Für ihn war das reine Notwehr – wo kein Wort gesprochen wird, kann auch nichts verdreht werden. Für mich war das ein kalter Entzug, der mich eins gelehrt hat: Witzischkeit *hat* ihre Grenzen.[1]

Den wenigsten ist klar, dass Sprache ein Werkstoff ist. Manche Leute gestalten Ton, Holz, Stein oder Rost – in absonderlichen Fällen sogar Tierkadaver. Genauso lässt sich auch Sprache formen. Im Unterschied zu anderen Werkstoffen wird die Sprache ständig benutzt. Und zwar von jedem. Kein Wunder also, dass sie Verschleißerscheinungen zeigt. Stellt Euch eine Parallelwelt vor, in der sich die Menschen durchs Töpfern verständigen, indem sie das Gemeinte kneten. Mit der Zeit werden sie nachlässiger, die Formen immer ungenauer, bis man irgendwann nur noch grobschlächtige Klumpen austauscht und die Keramiker entsetzt die Hände über dem Kopf zusammenschlagen: »Was soll *das* denn sein?!«

So geht es mir auch oft. Bei mancher sprachlichen Äußerung möchte ich einfach nur rufen: »Was soll *das* denn sein?!« Sonst nehmen wir doch auch nicht alles einfach in den Mund – warum also die Worte? (Wenn doch: Bitte Buch zuklappen, zum Mund führen und an einer Ecke nuckeln. Das beruhigt, und Ihr versteht den Inhalt auch nicht besser, wenn Ihr ihn lest.)

---

[1] Wer oft genug mit Poetry Slammern unterwegs gewesen ist, kennt die Situation, dass einer am Tisch etwas sagt und zehn Gehirne drum herum sofort anspringen, um nach einer geistreichen Retourkutsche zu suchen. Es gibt wenig, was so schön ist und zugleich so anstrengend sein kann …

Wir haben eine Verpflichtung gegenüber der Sprache. Für jede Generation der Mundfaulen, deren Sprachgefühl verkümmert ist, braucht es eine Gegenbewegung: Menschen, die den Wortschatz auch wie einen Schatz behandeln. Unsere Sprache ist immer nur so wohlklingend, so elegant und vielfältig, wie wir sie verwenden. Man könnte auch sagen:

Wenn wir die Sprache nicht lebendig halten – wer dann?

UAWG: Um Amüsement wird gebeten

Wir neigen dazu, im Angesicht der Klugheit – oder dem, was wir dafür halten – in Ehrfurcht zu erstarren. Vermutlich ist es eine Form der Schreckstarre, von der vor allem das Zwerchfell betroffen ist. Sobald ein gewisses Niveau erreicht ist, scheint es unter demselben zu liegen, befreit drauflos zu lachen. Merkwürdigerweise ist Anspruch nicht immer ansprechend.

Es gibt Menschen, die ihr ganzes Leben in dieser Form von vergeistigter Paralyse verbringen. Ihr Schutzpatron taucht in keinem Heiligenkalender auf, obwohl seine Anwesenheit in jeder Kirche zu spüren ist: der Heilige Ernst.

Man huldigt ihm in Bibliotheken, Museen, paradoxerweise sogar in manchen Kabaretthäusern. Die oberste Doktrin des Heiligen Ernst lautet »Du sollst nicht lachen.« Erlaubt ist allenfalls ein leichtes Lüpfen der Mundwinkel oder das Hochziehen einer Augenbraue. Wenn einer seiner Anhänger einmal kurz Luft durch seine Nasenlöcher ausstößt, kommt das schon einem hysterischen Lachanfall gleich.

Doch nach innen zu lachen ist wie Tanzen im Sitzen. Anspruch und Amüsement schließen sich nicht aus – im Gegenteil. Lachen hilft, die Spannung im Körper zu lösen, in den ihn der Anspruch versetzt. Laut über etwas zu lachen heißt ja nicht, dass man es nicht ernst nimmt oder respektiert. Mein Deutschlehrer, ein unglaublich belesener Mann mit einem latenten Talent fürs Komödiantische, sagte einmal im Unterricht, als er sich über den Bundeskanzler lustig machte: »Ich ziehe zwar über Helmut Kohl her, aber dafür wähle ich ihn auch.«

Wenn damals viele so gedacht haben, ist es kein Wunder, dass Kohl so lange an der Macht geblieben ist. Ich habe den Satz allerdings andersrum verstanden: Wenn ich etwas schon ertragen muss, was ich – zugegebenermaßen – selbst verschuldet habe, dann darf ich auch Witze darüber machen.

Das Gleiche gilt für dieses Buch: Wenn ich an den Sockeln einiger großer Geister kratze, die durch die Geistesgeschichte geistern, dann vor allem deshalb, weil sie mir während des Studiums jahrelang im Kopf herumgespukt sind. Denn auch was einen begeistert, kann einem mächtig auf den Geist gehen. Dieses Buch ist sozusagen meine Rache. Und wenn es mir gelingt, Euch damit ein wenig zum Lachen zu bringen, dann haben sich die Jahre des Studierens schon gelohnt. Der Heilige Ernst kann gehen, hier kommt St. Albern!

Merke:
Wer zum Lachen in den Keller geht, darf im Erdgeschoss wenigstens kichern.

Bedienungshinweise

In diesem Buch findet Ihr Gedichte, Geschichten und sonstige Texte aus meinem Bühnenprogramm *Der Klügere gibt Nachhilfe*. Hinzu kommt einiges, das dort keinen Platz hatte – sozusagen die entfallenen Szenen –, gespickt mit einer winzigen Prise Sprachgeschichte und ein paar Fakten rund um die Sprache. Diese sind aber nicht streng wissenschaftlich dargestellt, sondern so, dass auch Normalsterbliche sie verstehen können. Und allen Sprachwissenschaftlern, die jetzt protestierend ausrufen: »Was ist das denn bitte für eine Haltung?«, sei gesagt, »Ganz einfach: Unterhaltung!« Zu riesigen Nebensätzen fragen Sie Ihren Linguisten oder Sprachforscher.

Sollte sich der rote Faden ab und zu verknoten, grün werden oder sich aufdrillen, bis er selbst am seidenen Faden hängt, dann ist das so gewollt. Dieses Buch ist als Sammelsurium zu verstehen und muss nicht von vorne nach hinten durchgelesen werden. Hüpft ruhig hin und her. Schmökert. Springt ans Ende des Buches und lest den Schluss zuerst, wenn Ihr zu der Sorte Leute gehört – da wird auch nicht verraten, wer der Mörder ist.

Um die Orientierung zu erleichtern, habe ich ein Navigationssystem eingebaut – und das sogar ohne künstliche Frauenstimme, die alle zehn Sekunden schnarrt: »Achtung: Am Ende der nächsten Seite umblättern ...«

Lyrik-Zone:
Dieses Symbol weist Euch den Weg zu den Gedichten.

Words ‚Я' Us:
Wo dieses Zeichen auftaucht, findet Ihr einen Bastelbogen oder ein Sprachspiel zum Ausprobieren.

Beipackzettel:
Diese Scharrikatur verrät Euch mehr über den Inhalt eines Kapitels.

Altkluge Weisheit:
Dieses Symbol begleitet einen Merksatz oder albernen Spruch, der irgendwie zum Thema passt.

Vorsicht, Alarm:
Dieses Zeichen warnt vor immanenten Gefahren, Fettnäpfchen oder bösen Fallen.

Noch mehr Klugscheißerei:
Wo diese Figur herumhüpft, gibt 's einen heißen Tipp zum Thema oder eine weiterführende Idee.

Moment mal, wer ist hier der Klügere?

Wissen ist eine der wenigen Sachen, die sich verdoppeln, wenn man sie teilt. Denn wo steht geschrieben, wer der Klügere ist? Bin ich es? Ihr? Die alte Dame im Buchladen, die lieber den Brockhaus gekauft hat? Die Schimpansen, weil sie gar nicht erst von den Bäumen runtergekommen sind, um sie in Scheiben zu schneiden und Bücher daraus zu machen? Vermutlich alle – jeder auf seine Art und Weise.

Darum lade ich Euch ein, Euer eigenes Wissen beizusteuern. Wenn Ihr einen Fehler im Buch entdeckt oder etwas besser wisst, wenn Ihr denkt: »Das stand aber anders in der P. M.!« oder wenn Ihr Euch einfach nur wichtig machen wollt, dann schreibt mir! Seid klüger! Gebt mir Nachhilfe! Schickt mir eine E-Mail an klugscheißen@derklügere.de.

Und jetzt: viel Spaß!

> **Merke:**
> *Der Hippocampus ist keine Universität für Nilpferde.*

Die Sprache ist stark in meiner Familie

Für die Kreativität gibt es keine größere Bremse als Scham. Sobald man etwas zurückhält, weil man fürchtet, sich zu blamieren, fehlt die nötige Energie, um schöpferisch tätig zu sein. Die Welt wäre kaum in sechs Tagen erschaffen worden, hätte Gott sich bei der Genesis geniert: *Am Anfang war das*

*Wort, und es war bei Gott. Und Gott sprach: »Hihi, ich trau mich
nicht ...«*

Wenn ich Euch also dazu animieren will, mit Sprache kreativ
zu werden und frei und ungeniert herumzuexperimentieren,
sollte ich auch das Eis brechen und zeigen, dass ich keine Angst
habe, mich zu blamieren – indem ich genau das tue. Bei der
Vorstellungsrunde in Therapiegruppen fängt schließlich auch
der Gruppenleiter an.

Was würde sich dafür besser eignen als Jugendsünden? Ich
mache einen kleinen Exkurs in meine Kindheit. Mein erster
Satz – die Keimzelle allen Sprechens, der Abraham meines
Wortstamms, der erste zaghafte Schritt auf der Vorderseite des
Mundes – hieß »Großer Bagger, bumm-bumm, macht Loch!«
Es war der Beginn einer großen Liebe: der Liebe zur Sprache.
Noch während ich laufen lernte – wohlgemerkt, indem ich
mich an einem Holzring festhielt, den ich selbst im Mund
hatte! –, ging ich daran, die Feinheiten der Sprache auszuloten.
Ich war schon als Kind geradezu manisch-kreativ und hatte
immer eine Handvoll Projekte in der Schublade: Comics, Hör-
spiele, Geschichten, Lieder ... Egal, woran ich feilte, es hatte
mit Sprache zu tun. Ob es das Bartlexikon war, in dem ich
Bärte und ihre Kombinationsmöglichkeiten katalogisierte, ob
es das SHOWER MAGAZINE war – die Lieder-Zeitschrift, die
man unter der Dusche lesen konnte, oder das Bilderbuch von
Klein-Frankenstein, dem Monster, das auf der Suche nach
einem Schatz um die halbe Welt reiste, um schließlich irgendwo in einem vergessenen Keller eine Kiste zu auszugraben, in
der es den Schatz fand: eine Rückfahrkarte nach Hause ...

Auch diese Frühwerke füllen heute vergessene Kisten im Keller und werden nur ab und zu herausgekramt zum Schmun-
zeln und Nicken in Erinnerung an die guten alten Zeiten. Aber

das Peinlichste, das ich Euch zeigen kann, weil es unmittelbar verknüpft ist mit dem großen Traum des kleinen Philipp, später einmal ein Schriftsteller zu werden, das ist mein erstes Buch – mit sechs Jahren auf der Schreibmaschine meines Vaters verfasst, von Hand illustriert und bis heute unvollendet: »Herr Biedelboing und sein Baby«. Ich finde, es hat etwas ungemein Passendes, dass dieser erste literarische Gehversuch nun in meinem ersten richtigen Buch abgedruckt ist. Ein Kreis schließt sich …

ü

vor-Wort

Über wen sprechen wier überhaupt .? Über herrn Biedelboing!

wer ist den w herr bBiedelboing? herr Biedelboing ist ein

ganz nKormaler mann.! Ein ganz Normaler Mann?? ja ein ganz

Normaler Mann!. Das glaube ich duier nie..!!! Abetr es ist so

Ich Lasse mMich doch nicht Reinlegen ..!!! Ich Frage in

Lieber selbrer!. Ja Ja Denke ich Frage in Lieber selber.!

Du W itrst in Bö nämlich garnicht finden weil er eine

ERvundene figur ist.! ich erfinde nämlich gerade die geabg

Geschichte Vom Herrn Biedelboing & sein HBaby!Bä..!

&so ging es auch aus .! ich aber habe nie zugegeben das ich meinen

freund Angeschmirt habe!.

Aber mein Freund Hat -' hsa hat s leider gemerkt was

Ich mit ihm gemacht habe & das fant Ich widerum schade.!

aber dann hat-' hat's er mit mir gemacht &das hab ich gemerkt

&das fand er dann schade.!

          & dast Faut
             Fand ich dann tol.!

24

Herr Biedelboing & sein Baby

Es war einmal ein Herr .   d EdDer hieß Biedelboing. Herr Biedelboing.

ER   Er war ein Stodent er wolte Schriftsteller werden.

Den..er hatte schon eine schöne Geschichte erfunden. Nämlich der papa-
gei aus lamilami der kleinen Stadt. als er eines morgens auf stant
      quängelte,esselsam . Dalief herr biedelboing zum fenster um nach
qua

zu guken was den da so quängelte. er sah zum fenster hinaus & er sah

ein Baby auf den der gart nbank liegen.& Herr Biedelboing staunte.
Er ging zu der Gadrobe . und zog sich Hut und Jake an.
      ER
Dann ging Herr Biedelboing zur Tür Machte sie auf und ging hinaus.
Er besah sich den Korb von allen seiten. da sah er auf der rechten seite

einen zetel . auf dem stand von professor bamelbam.

Herr Biedelboing las dann nahm den Korb mit dem Baby drin.
er ging mit ihns im ins Haus. Es war schon so alt das es schon
krabeln konte. denn nahm H err Biedelboing das Baby auf Baby auf den
Arm. Und ging mit dem Baby in die Stadt. Dort Kaufte Herr Biedelboing
eine Rassel und und eine Nucke, Nuckel flasche Adu
und einen schnuller. daz dann ging Herr Biedelboing mit dem mit im
nach Hause. Herr Biedelboing hat'e Aber ahch brei gekauft.
hsatte

Nun aßen Herr Biedelboing un d das Baby. Und am Nachmittag ging
Herr Biedelboing nochmals in die Stadt. Und kaufte ein Babybett.

Und dann schliefen Herr Biedelboing und das Baby in ihren Hetten.
Und wist ihr was er ich meine den Herrn Biedelboing geträumt hat.
Er hat geträumt das er König war. Un Und das Fand Herr Biedelboing
ganz ganz Toll als er aufgewacht war.

Fortsetzung folgt!

26

zwei

Ber Spaziergang

dDer Traum handelte nämlch davon das er könig wer. Aber das er
zum Riegiren
Jahre wer und das zu alt wer. Und das er einen Sohn habe der 13
könig Biedelboing ihn k zum König des lLan-
des ernante aber Plozlich wurde Herr Biedelboing durch ein

fürchterliches geschrei geweckt. Es war das Baby das hunger

hatte. Da stant Herr Biedelboing auf und sagte: ja ja du krigst deine Flasche. Und dann füllte Herr Biedelboing die Flasche. Und dann füt-
terte er das Baby. Dann nahmer das Baby auf den Arm,denner hatte
kein Geld für einen Kad Kinderwagen . Und dann gäng er mit

ihm spazieren.

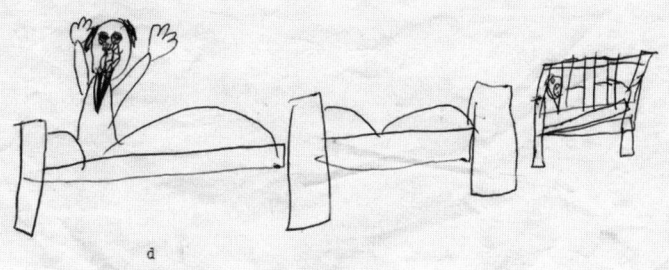

d

i hb

b   b

Kapitel 1
Auch die Worte hab'n Gefühle

Loveletters

Ein kleines e kam in die Scheune, traf ein kleines u.
Sie legten sich ins Heu und machten ein eu.

Das Gerede über den Sprachverfall ist in aller Munde – wo sollte es auch sonst sein? Auf gewisse Art und Weise wird die Sprache benutzt, um ihr eigenes Ende herbeizureden. Das ist nicht ganz fair und in etwa so sinnvoll wie »Grillen gegen das Artensterben« oder »Autofahren gegen den Klimawandel«. Bevor wir uns deshalb daranmachen, »Das-Ende-ist-nah«-Schilder zu basteln, schauen wir doch erst einmal, wer die Sprache warum für wie tot erklärt …

Der Untergang der Sprachkultur

Doishland 2200. Dem Shprache sain Ent-Zait.
Alem lang Seze zashtör. Dem maist Worte sin ausshterp.
Im hersh so Zait one Recht-Shraip un Gramatik.

Zugegeben, eine ziemlich extreme Vision. Selbst die Kino-Albträume von Roland Emmerich sind weniger furchteinflößend. Aber wenn man nach den Mahnern und Kritikern geht, sieht die Zukunft unserer Sprache genau so aus, und das nicht erst in zweihundert Jahren. Bei einer Umfrage im Jahr 2008 hatten zwei Drittel der Deutschen die Befürchtung, dass die Sprache immer mehr verkommt. Die der anderen, versteht sich. Was ist dran an der Angst vor dem Sprachverfall? Steuern wir wirklich geradewegs auf den Wortuntergang zu? Droht uns der *Incomprehension Day*, der Tag des *Dümmsten Geredes*?

Die gute Nachricht: Allzu schlimm kann es nicht sein, solange wir diese Frage noch stellen können. Die schlechte: Sollten wir sie irgendwann nicht mehr stellen können, ist es schon zu spät. So bewegen sich denn auch die Antworten auf die Frage nach dem Sprachverfall in der Regel zwischen zwei Extremen:

a) »Und ob! Es ist dramatisch, mit anzusehen, wie die Sprache mehr und mehr ihrer stilistischen und formellen Vielfalt verlustig geht.«

b) »Ey was willsu, Sprachwie? Nix, is doch alles voll korrekt, chill ma'.«

Bezeichnenderweise wird der Sprachverfall dort am stärksten empfunden, wo er sich am wenigsten feststellen lässt. Es ist wie mit dem Klimawandel: Für die einen ist er eine erwiesene Tatsache, für die anderen ein statistischer Schluckauf, und für alle

Übrigen ein Arbeitsbeschaffungsprogramm für ehemalige US-Vizepräsidenten. Bevor ich also ins gleiche Horn stoße, um die Botschaft vom linguistischen *Grammageddon* auszuposaunen, werfen wir doch erst mal einen Blick auf seine Herolde: Die *Vier Reiter der Sprachokalypse …*

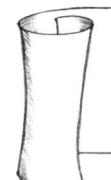 **Erster Reiter: Rechtschreibreform**

> *»Und siehe! ich sah ein Ferd; und der Reiter, der auf dem Rücken des Ferde's sass, hatte einen Rot-Stift und, er zog los als Korrrektor um die recht Schreibung, zu verbessern.«*

Die Rechtschreibreform – der Dreißigjährige Krieg unter den Wortgefechten: Ausgebrannt liegen die deutschen Satzlandschaften da, überrollt von den Truppen der Rechtschreibreformation, von denen der Gegenreformation und von Banden marodierender Freischärler. Jeder hat sie in Grund und Boden erneuert, die Dekrete der Vorgänger widerrufen, ihre Duden verbrannt. Alles im Namen des einzig gerechten Gottes. Denn dein ist das Zeichen, die Schrift und die Lesbarkeit.

In Einfachheit. Amen.

Dabei war die Rechtschreibreform eigentlich gut gemeint. Man glaubt es kaum, aber es war nie ihr Ziel, alles komplizierter zu machen. Wozu auch? An einer Rechtschreibreform verdient der Staat schließlich kein Geld – dafür gibt es Steuer- und Gesundheitsreformen. Nein, es ging darum, den Kindern das Erlernen der Rechtschreibung zu erleichtern.

Erklärt das mal den Kindern.

Als ich Schreiben lernte, war das schon ziemlich einfach. Es gab genau zwei Schreibweisen: die richtige und die falsche. Die richtige stand im Duden, die falsche im Schulheft. Wenn man beim Diktat oft genug die richtige benutzte, bekam man von der Lehrerin ein Lachgesicht druntergemalt und freute sich. Punkt, Punkt, Komma, Strich. Ein einfacher Lerneffekt. Vor Neid frisst der Pawlowsche Hund sein Glöckchen.

Merke:
Paradox ist, wenn die SZ selbst keins mehr schreibt.

Inzwischen ist die Rechtschreibung öfter reformiert worden als das Christentum: Es gibt die alte Rechtschreibung, die neue Rechtschreibung von 1999, die neue von 2004, die noch neuere von 2006 und ein dickes Paket mit Ausnahmeregeln. Man hat den Eindruck, wir leben in einer Art rechtschreibefreiem Raum. Für das Lachgesicht müsste sogar die Lehrerin nachsitzen, denn erstens hat ein Smiley nichts im Text verloren, und zweitens steht nach Punkt nie ein Komma. Punkt.

In der Postrechtschreibreformationsgesellschaft ist es einfacher, sich in der Nichtraucherkneipe im Suff eine Fluppe anzustecken, als darüber zu schreiben: Offiziell schreibt man *Sufffluppe* mit drei f – wer eins weglässt, zahlt ein Bußgeld (nicht zu verwechseln mit einem Bussgeld), wer *Suff-Fluppe* mit Bindestrich schreibt, muss raus vor die Tür, und wer dann noch *selbstdreht* und es zusammenschreibt, darf das nur in abgetrennten Räumen in einem anderen Bundesland! Am besten sollte man das Rauchen gleich ganz aufgeben, sonst endet man noch an der *Sauerstoffflasche*, und dann geht der ganze Spaß von vorne los.

Geht die Sprache davon unter?
Nichts da, sie wird höchstens bunter!

Es stimmt, das Gezappel um die Rechtschreibreform und ihre Nachfolger hat ein orthographisches Trümmerfeld hinterlassen. Aber es hilft ja nichts. Es bleibt uns nichts anderes übrig, als die Situation schöpferisch zu nutzen. Wir sind sozusagen die Trümmerfrauen, die für das Wortschatzwunder sorgen müssen, damit die Rechtschreibung wie Fönix aus der Asche steigt! Statt zu verzweifeln, dass sich die Rechtschreibung ständig ändert, sollten wir uns von der Vorstellung einer absoluten, allgemeingültigen Rechtschreibung verabschieden. Die Mode ändert sich ja auch jedes Jahr – warum sollte Rechtschreibung nicht ebenso eine Frage der Mode sein?

Meine Damen und Herren, wir präsentieren Ihnen die Sommer-Korrektur der neusten Prêt-a-Parler-Mode! Auf dem Lautsteg haben sich internationale Tipp-Models dafür eingefunden.
Verben schreibt man dieses Jahr getrennt – wie in diesem feschen Kompositum von Infinitiv Saint Laurent, in dem Verb und Adverb aufeinander treffen. Indem das Adverb voraus geht, wird das Verb betont und besonders hervor gehoben. Prädikat: fast perfekt.
Nicht immindesten geeignet für den zierlichen Satzbau ist diese gewagte Kombination von Präposition und Adjektiv aus dem Hause Calvin Kleinschreibung: aufshöchste orthografisch nachlässig, aber doch bisinsletzte stilvoll. Das Adjektiv ist leicht andekliniert und erlaubt imeinzelnen tiefe Einblicke.
Das Ongfong Terrible der Säsong kommt aus der Mäsong Louis Diphthong: Ein rhetorisch figurbetontes Modewort der Od Kuhtür, das sich von jeglichem französischem Flär verabschiedet zugunsten rebellischer Üni-Vokale.
Ein High-Light ist dieses zusammengesetzte Haupt-Wort von Karl Laberfeld. Besonders elegant: Grund-Wort und Bestimmungs-Wort werden nur durch einen leichten Binde-Strich zusammengehalten, der sich mit einer einfachen Hand-Bewegung lösen lässt – je nach Tages-Stimmung.
Griechisch ist in! Ganz im Gegensatz zum Vorjahrestrend erphrischt diese raphiniert modiphizierte Schreibweise mit hellenischer Strahlkrapht. Auch für Phremdwörter anderer Herkunpht. Phiphig – aber leider nicht PH-neutral ...

Mein Tipp:

Sobald der nächste an Eurer Orthographie herummäkelt und Euch die neue Rechtschreibung unter die Nase reibt: einfach auf die Rechtschreibnovelle RS06/IIb hinweisen, die gerade erst inkraftgetreten (!) ist und die nicht nur Eure Schreibweise erlaubt, sondern auch die alte ausdrücklich verbietet! Wer hat schon den Überblick über alle Nachbesserungen der Reform?

Philipp Scharris Rechtschreib-Reformular

I. Groß-/Kleinschreibung			
Allgemeine Großschreibung (mehrere möglich)			
☐ am Satzanfang	☐ am Satzende		☐ nach Komma
☐ immer	☐ nie		☐ nach Gefühl
Hauptwort	☐ klein ☐ groß	Tu-Wort	☐ klein ☐ groß
Wie-Wort	☐ klein ☐ groß	Präposition	☐ klein ☐ groß

II. Getrennt-/Zusammenschreibung			
Tu-Wort + Tu-Wort (z. B. *kennen lernen*)		☐ getrennt	☐ zusammen
Tu-Wort + Wie-Wort (z. B. *warm halten*)		☐ getrennt	☐ zusammen
Präposition + gebeugtes Wie-Wort (z. B. *aufs Höchste*)			
☐ getrennt und klein	☐ getrennt und groß	☐ zusammen und klein	☐ zusammen und groß
Präposition + ungebeugtes Wie-Wort (z. B. *zu eigen machen*)			
☐ getrennt und klein	☐ getrennt und groß	☐ zusammen und klein	☐ zusammen und groß
Tu-Wort + Hauptwort (z. B. *Acht geben*)			
☐ getrennt und klein	☐ getrennt und groß	☐ zusammen und klein	☐ zusammen und groß

III. Zeichensetzung		
Allgemeine Kommaregeln (mehrere möglich)		
☐ zwischen Haupt- und Nebensatz	☐ zwischen Haupt- sätzen mit *und*	☐ zwischen Haupt- sätzen mit *oder*
☐ immer	☐ nie	☐ nach Gefühl
Infinitiv mit zu (z. B. *er liebte es, ein Komma zu setzen*)	☐ mit Komma	☐ ohne Komma

SELBERBASTEL-BOGEN

IV. Sonstige			
ss statt ß nach …	☐ Kurzvokal		☐ Langvokal
☐ immer	☐ nie		☐ nach Gefühl
Schreibweise bei Konsonantenhäufung (z.B. *Schifffahrt*) …			
☐ 3 und mehr	☐ maximal 3	☐ maximal 2	☐ Bindestrich
Schreibweise bei Vokalhäufung (z.B. *Seeelefant*) …			
☐ 3 und mehr	☐ maximal 3	☐ maximal 2	☐ Bindestrich
Zusätzliche Regeln:			

Und so geht's:

Mit dem Rechtschreib-Reformular könnt Ihr Eure eigene Schreibweise entwerfen. Vielleicht schafft Ihr es ja, aus dem Brei, den viele Köche verdorben haben, in Eurem eigenen Rechtschreib-Reförmchen ein paar mundgerechte Sätzchen zu backen …

SELBERBASTEL-BOGEN

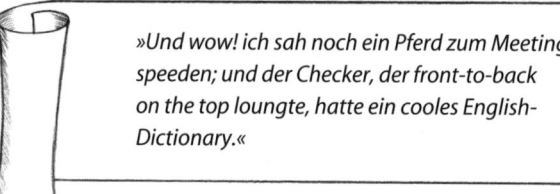

»*Und wow! ich sah noch ein Pferd zum Meeting speeden; und der Checker, der front-to-back on the top loungte, hatte ein cooles English-Dictionary.*«

Als Bühnenkünstler ist man viel unterwegs. Sein halbes Leben verbringt man in der Bahn, und ich kann Euch eins sagen: Wer das Leben in vollen Zügen genießen will, kann das nicht in vollen Zügen tun. Der positive Nebeneffekt ist, dass man immer etwas zu erzählen hat, denn nirgends sonst begegnet man so vielen skurrilen Typen. So wurde ich auf einer Zugfahrt Zeuge der folgenden Unterhaltung: Eine ältere, weißhaarige Dame fragte den Servicemitarbeiter, der ihr einen Kaffee reichte: »Haben Sie noch etwas Milch? Ich finde Milch cool.« – »Wie bitte?« – »Ich finde Milch cool. Ich trainiere gerade, mich zeitgemäß auszudrücken.« – »Ahahaha. Hier bitte, Ihre Milch.« – »Das ist aber cool von Ihnen. Sie sind auch cool.« – »Ahaha, danke.« – »Früher sagten wir noch ›kühl‹.« – »Ahaha, wirklich? Mit der gleichen Bedeutung?« – »Nein, ganz anders. Cool heißt ja nicht kühl – das wäre ja noch cooler …«

Die sogenannten Anglizismen sind überall. Sie chillen in den Coffeebars, hotten auf den Dancefloors und supporten uns an den Service-Hotlines. Und noch viel moderner, als sie zu benutzen, ist es, auf ihnen herumzuhacken. Man könnte auch sagen, *Anglizismenbashing rulez!* Wenn unsere französischen Nachbarn mit peinlicher Genauigkeit jeden englischen

Begriff in ihre Sprache übertragen, finden wir es albern. Wenn wir uns über Anglizismen im Deutschen beschweren, ist es komischerweise okay. Pardon: in Ordnung. Aber in einem Land, in dem man lieber keine *Schifffahrt* mehr unternimmt, weil man nicht weiß, wie viele f man dafür braucht, ist es eigentlich kein Wunder, dass immer mehr Leute auf einen boat trip ausweichen.

Geht die Sprache davon unter?
No way, sie wird höchstens bunter!

Man sollte sich klarmachen, dass wir in unserer Sprache keine Anglizismen hätten, wenn es nicht auch ein Bedürfnis danach gäbe. Lehnwörter wurden zu allen Zeiten ins Deutsche übernommen. Woher sie kamen, hing davon ab, welche Sprache gerade modern war, man könnte auch sagen *hip*: mal war es Latein, mal Französisch, heute ist es eben Englisch. Ein großer Teil der englischen Sprache geht sogar auf die gleichen Wurzeln zurück wie das Deutsche. Anglizismen sind also im besten Fall Reimporte – und das zollfrei!

Wir müssen ja nicht mit Gewalt wahllos englische Vokabeln in unseren Wortschatz zerren. Ein Begriff wie *Business* hat sich eben durchgesetzt, weil er etwas anderes ausdrückt als das deutsche Wort *Geschäft*. Wenn dagegen auf dem Namensschild eines Hausmeisters *Facility Manager* steht, ist das eher Berufsverschleierung als Berufsbezeichnung. Das ist nicht mehr nur ein Anglizismus, das ist *Denglisch* – eine mit englischen Ausdrücken und falsch übersetzten Phrasen übersättigte Kunstsprache, hart am Rande des Nonsens und mitten im Herzen des *Cowderwelsh*. Ein Produkt der Marketing- und PR-Kaste, die festgestellt hat, dass sich unter einem englischen Namen der gleiche Mist noch mal doppelt so teuer verkaufen lässt wie vorher. Das Äquivalent des geklauten Autos, das man umlackiert hat. Der Alkoholismus unter den Fremdwortkonsumkrankheiten.

Aber ein Anglizismus hier oder da entspricht lediglich dem täglichen Glas Rotwein, das uns die Forschung alle Jahre wieder als gesundheitsfördernd ans Herz legt. Und in diesem Fall steht noch nicht mal eine Lobby dahinter, die die Studie finanziert. Keine Sprache kann und sollte sich völlig von anderen abschotten. Sie ist auf Fremdwörter angewiesen, um die Lücken zu füllen, die in ihrem Vokabular klaffen. Außerdem ist Deutschland doch ein weltoffenes Land. Da ist es selbstverständlich, dass Wörter aus dem Ausland zu uns kommen, die sich hier eine bessere Zukunft erhoffen! Natürlich gibt es Probleme, wenn Wörter direkt in den Duden aufgenommen werden – ohne echte Integration. Aber deshalb muss man doch nicht gleich drauflosschreien: »Fremdwörter raus! Fremdwörter raus!« – *das* ist Antisemantismus!

Heißen wir Anglizismen also willkommen, statt sie zu verteufeln! Alle Menschen sind Brüder, alle europäischen Sprachen Schwestern, und alle anderen zumindest Kusinen zweiten Grades!

Mein Tipp:

Statt immer nur darüber zu jammern, dass Anglizismen sucken, einfach mal den Spieß umdrehen: Deutschland war lange Zeit Exportweltmeister – also los, exportieren wir deutsche Vokabeln ins Englische! Im amerikanischen Englisch gibt es bereits einige germanisms, und die bringen ziemlich genau auf den Punkt, welches Bild man vom Deutschen im Ausland hat: blitzkrieg, übermensch, weltschmerz, angst und schadenfreude. Höchste Zeit, dass auch mal ein paar positive Begriffe ihren Weg auf den Weltmarkt finden! Beispiele und Anregungen dazu findet Ihr im Netz unter: www.spreadgermanisms.com

Achtung:

Wortexporte sollten sachgemäß durchgeführt werden! Wer ein deutsches Wort nur exportiert, weil er die Übersetzung gerade nicht zur Hand hat, riskiert peinliche Ausrutscher: Ein Freund wollte während eines Auslandsjahres in Chicago das Wort Dusche exportieren. Leider war ihm nicht bewusst, dass es sich dabei gar nicht um einen deutschen Begriff handelt, sondern um ein Lehnwort aus dem Französischen. Kaum war er am ersten Abend bei seiner Gastfamilie angekommen, erschöpft und verschwitzt von der langen Reise, rief er fröhlich: »And now I want to have a dusch!« Dummerweise gibt es das Wort bereits im Englischen – es schreibt sich douche und heißt »Vaginalspülung« …

Schöpfung 2.0

Einsam in Eden saß Adam und schmollte,
Weil er so gern ein Madame wollte.
Aus Jux hat ihm Gott eine Rippe stibitzt
Und flugs aus der eine Hippe geschnitzt,
Sie als Eva zu ihm in den Garten gekippt –
Heut würd' man sagen, er hat sie *gerippt* …

Gemeinsam in Eden war'n Adam und Eva,
Zu essen gab's jeden Tag Schaben und Käfer.
Da ließen sie sich von 'ner Schlange bequatschen,
Heimlich vom Baum der Erkenntnis zu … äh natschen.
Vor Wut schmiss Gott die zwei aus dem Forst –
Heut würd' man sagen, er hat sie *outgesourct* …

Dritter Reiter: Political Correctness

> »Da erschien ein dritter domestizierter Einhufer mit Transportkontext; und die TierrückensportlerIn, die darauf saß, wurde ermächtigt, der Sprache die Vorurteile zu nehmen. Und frau gab ihr ein flammendes Nachschlagewerk zu Synonymisierungszwecken.«

Unsere Sprache ist diskriminierend, vorurteilsbeladen und sexistisch. Überall lauern die Stolperdrähte der Intoleranz und die Bananenschalen der verbalen Ausrutschgefahr. Wie Seeanemonen ihre klebrigen Tentakel haben potentielle Beleidigungsopfer überall ihre Schlipse ausgelegt, um sich dann darauf getreten zu fühlen. Halt, nein – ›Schlips‹ sagt man nicht, man sagt ›Krawatte in Pendelform‹.

Der legendäre ›Bürger mit Migrationshintergrund‹ war bloß der Anfang – mittlerweile herrscht eine regelrechte Umformulierungswut: Behinderte heißen offiziell ›Personen mit Mobilitätseinschränkungen‹. Sind Kleinwüchsige bald ›vertikal benachteiligt‹ und Politiker ›Amtsträger mit begrenzter Wahrheitskompetenz‹?

Auch Schimpfen ist nicht mehr erlaubt. Bezeichnet man jemanden als Dorftrottel, dann heißt es gleich: »Das ist aber diskriminierend!« Selbstverständlich ist das diskriminierend! Wie soll man denn jemanden beleidigen, wenn man gleichzeitig Rücksicht nehmen muss?! »Du intellektuell unterprivilegiertes Mitglied einer ländlichen Gemeinschaft«!? Bis man das gesagt hat, ist die Wut längst verraucht …

Political Correctness kann zu einer echten Sucht werden – gebraucht man eine Umformulierung, braucht man bald die nächste und wieder die nächste: Wer früher politisch korrekt sein wollte, sagte nicht ›Neger‹, sondern ›Schwarzer‹. Als auf einmal auch ›Schwarzer‹ unkorrekt war, sagte man ›Farbiger‹, als ›Farbiger‹ unkorrekt war, sagte man ›Dunkelhäutiger‹, und seit auch ›Dunkelhäutiger‹ unkorrekt ist, sagt man ›Maximalpigmentierter‹. Da wird es mit Alternativen allmählich eng – was soll man sagen, wenn ›Maximalpigmentierter‹ auch nicht mehr geht? ›Bürger mit lichtabsorbierender Haut‹? ›Energieeffizienter Mitmensch‹?

Die Begründung lautet üblicherweise: »Na ja, wir wollen ja Vorurteile abbauen, und Sprache hat doch so einen starken Einfluss auf das Denken …« Stimmt. Sprache prägt nicht nur unser Bild von der Welt – sie zieht auch die Raubkopien und bringt sie als Sammelkarten in Umlauf. Darum essen wir keine Negerküsse mehr, sondern ›Schaumwaffeln mit Schokoüberzug‹ und bestellen statt Seniorentellern bald ›Portionen für lebenszeitlich Fortgeschrittene‹. Aber allein davon gehen die Vorurteile nicht weg – sie klingen nur schöner. Wir bauen immer kompliziertere Wortgebilde, hinter denen wir sie verstecken können, statt Menschen einfach gar nicht mehr nach ihrer Hautfarbe zu benennen!

Stattdessen kommen sogar neue Vorurteile dazu – Vorurteile, die es eigentlich gar nicht gibt. Plötzlich hat jeder irgendeinen Grund, sich diskriminiert zu fühlen. Und die, die keinen haben, fühlen sich genau deshalb auch diskriminiert. Aus jeder Mücke wird ein Elefant im Porzellanladen gemacht. Wir sind eine Gesellschaft der chronisch Gekränkten geworden, in der jeder einer Randgruppe angehören will. Da gibt es so viele Randgruppen, dass der Gesellschaft die Mitte völlig abhandenkommt: Deutschland ist ein Bagel – ein Bagel mit beleidigter Leberwurst! Und Diskriminierung ist kein Nachteil, sondern ein Privileg – ein Menschenrecht, das ins Grundgesetz gehört: *§ 1) Alle Menschen sind gleich – und zwar beleidigt.*

Geht die Sprache davon unter?
Im Gegenteil, sie wird viel bunter!

Unsere Sprache war auf vieles vorbereitet, nur nicht auf *Political Correctness*. Dieses wild wuchernde Monstrum muss man mit seinen eigenen Waffen schlagen. Denn das Einzige, was wirklich politisch unkorrekt ist, ist *Political Correctness* selbst. Und darum erkläre ich hiermit: Der Ausdruck ›politisch korrekt‹ ist politisch unkorrekt![2] Ab sofort heißt es *randgruppenspezifisch schönformuliert.*

Und auch wenn ein einfaches Gespräch inzwischen einem Tanz mit dem Pogo-Stick durch einen Frischei-Transporter gleicht – für den kreativen Umgang mit Sprache ist *Randgruppenspezifische Schönformulierung* ein wahrer Segen. Wie viele Möglichkeiten gibt es noch, mit dem Pogo-Stick um den heißen Eierbrei herumzutanzen? Wie viele krumme Ausdrücke warten sehnlich auf ihre Phrasenkorrektur?

---

[2] Welch hübsches Paradoxon! Ein Begriff, der sich selbst zum Opfer fällt – sozusagen meta-politisch-unkorrekt …

Und so geht's:

Statt uns über verstelzte Formulierungen aufzuregen, können wir sie nutzen als Quell der Poesie im Alltag – nein, nicht der Poesie, sondern der ›sprachlichen Verspieltheit ohne eindeutiges Kommunkationsziel‹. Wer kennt nicht Kühlschrank-Poesie? Analog dazu habe ich Kühlschrank-Political-Correctness ent-wickelt – für den Fall, dass man mal ganz schnell etwas schön-formulieren muss. Alles, was Ihr dafür braucht, sind Klebe-etiketten, ein Set Kühlschrank-Poesie und dieser Bastelbogen: Einfach beide Seiten auf Klebeetiketten kopieren, entlang der Linien zerschneiden und damit die Kühlschrank-Magnete überkleben – schon kann's losgehen!

ästhetisch	andersdenkende	Amtsträger	mit	ohne
finanziell	begünstigte	Angehörige	mit	ohne
gesundheitlich	benachteiligte	Ansässige	mit	ohne
intellektuell	eingeschränkte	Beschäftigte	mit	ohne
körperlich	experimentelle	Interessierte	mit	ohne
ökologisch	fortgeschrittene	Mitbürger	mit	ohne
sexuell	geschulte	Personen	mit	ohne
sozial	liberale	Subjekte	mit	ohne
spirituell	unterentwickelte	Teilnehmer	mit	ohne
wirtschaftlich	verunsicherte	Verbraucher	mit	ohne

SELBERBASTEL-BOGEN

abweichende(m/n/r/s)	Autoritäts-	Aufkommen
ausgeprägte(m/n/r/s)	Beschäftigungs-	Bedarf
beschränkte(m/n/r/s)	Integrations-	Fähigkeit
chronische(m/n/r/s)	Intelligenz-	Hintergrund
erhöhte(m/n/r/s)	Kommunikations-	Kapazität
feste(m/n/r/s)	Konsum-	Kompetenz
gewerbeliche(m/n/r/s)	Migrations-	Komplex
integrierte(m/n/r/s)	Mobilitäts-	Mangel
latente(m/n/r/s)	Paarungs-	Möglichkeit
unkontrollierte(m/n/r/s)	Verdienst-	Potential
variable(m/n/r/s)	Versorgungs-	Überschuss
verhandelbare(m/n/r/s)	Wahrnehmungs-	Verhalten
verringerte(m/n/r/s)	Werte-	System

Besonders viel Spaß macht es, eine Schönformulierung nach dem Zufallsprinzip zusammenzuwürfeln und danach erst zu überlegen, wofür sie steht. Beispiel: ›Mitbürger mit erhöhtem Paarungs-Bedarf‹? Nymphomane! ›Spirituell Interessierte mit abweichendem Werte-System‹? Andersgläubige! Und Arme kennt der Kühlschrank als ›finanziell benachteiligte Verbraucher mit verringerter Konsum-Kapazität‹ …

SELBERBASTEL-BOGEN

49

Vierter Reiter: Sprachverstümmelung

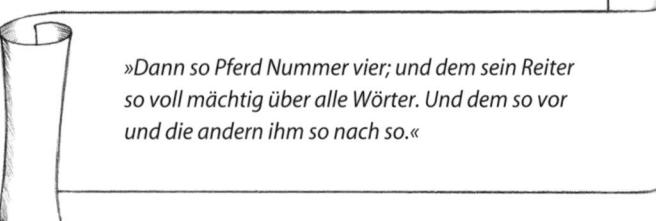

Wenn Sprache ein Lebewesen aus Fleisch und Blut wäre, säße
so mancher Sprecher wegen Misshandlung hinter Gittern –
oder zumindest wegen Tierquälerei. Glich *Political Correctness*
der Beauty-OP unter den sprachlichen Eingriffen, dann kommen wir nun zum verbalen Kettensägenmassaker.

Leider gilt auch in der Sprache das Recht des Stärkeren, und
das ist momentan der Dativ. Zur Erinnerung: Der Dativ ist der
dritte Fall – der, der eintritt auf die Frage »Wem?« Im Moment
entwickelt er sich vom dritten Fall zum Einzelfall: Nachdem
er den Genitiv fast völlig ausgerottet hat, steht als Nächstes
der Akkusativ auf seiner Abschussliste. Rücksichtslos macht
der Dativ Jagd auf Artikel und Personalpronomen, die ohnehin
zu den schwächsten Satzgliedern der syntaktischen Nahrungs-
kette gehören, und zerstört ihren Lebensraum:

»Ey, hast du dem gesehen?«
»Wem?«
»Ihm da!«

Wir sind auf dem besten Weg zur Dativ-Diktatur. Alle anderen
Fälle werden abgeschafft, das Vier-Kasus-System ausgehebelt, es

lebe die Deutsche Dativ Republik! Hier regiert der linguistische Einheitsartikel: *dem*. Shampoos heißen ›DuschDem‹, Lebensmittel kommen von ›Dem darfst‹, und wer nachschlagen will, wie man wem schreibt, schaut im ›Dudem‹ oder sogar im ›Demdem‹. Wo einst die Sesamstraße mit »Der, die, das« den Geist der Freiheit beschwor, singen die Kinder »Dem, dem, dem!«

Mit den Worten des Großen Vorsitzenden der Syntaktischen Einheitspartei Deutschlands an die Freie Dativ Jugend:

Jungsprecherinnen und Jungsprecher!
Überall lauern die Agenten, mit denen der grammatikalische Wortklassenfeind unsere großartige Dativ Republik unterwandern will. Niemand kann die syntaktische Umgestaltung aufhalten! Wer nicht in Reih und Satzglied steht, wird rücksichtslos weggelassen, die Schlüsselpräpositionen neu besetzt! Und so rufe ich Euch zu: Pronomen aller Länder, vereinigt Euch!
Grammatik!

Liebe Dativ-Jugend und alle, die es normal finden, so zu sprechen! Präpositionen, das sind die kleinen, fitzeligen Dinger, die man zwischen den richtigen Wörtern findet, wie Flusen zwischen den Zehen, wenn man die Socken auszieht. Also *in*, *um*, *auf*, *bei*, *nach*, *vor*, *zu* und so weiter. Aber Ihr habt recht, wer braucht schon Präpositionen? Am besten weglassen, so zum Beispiel:

»Gestern war ich Frisör.«

Die Bedeutung dieses Satzes wird auch ohne das lästige *beim* deutlich. Natürlich gibt es einige Pappnasen, die glauben, hier wolle jemand sagen, dass er am Vortag als Frisör gearbeitet hat.

Um ganz sicherzugehen und auch diesen Minderbemittelten eine Chance zu geben, kann man zur Verdeutlichung ein so einfügen:

> **»Gestern war ich so Frisör.«**

So ist ein Joker, eine Grammatik-Wildcard, die bereitwillig jede beliebige Bedeutung übernimmt. Sie lässt sich für fast alles einsetzen. Wenn man im Satz steckenbleibt und nicht weiterweiß, immer schön so sagen. Und das kleine Vokabel-Chamäleon kann noch mehr! Es ersetzt nicht nur andere Wörter, sondern dient auch zur Bekräftigung:

> **»So gestern ich so Frisör so.«**

Geht die Sprache davon unter?
… Vielleicht schon.

Bisher betraf der vermeintliche Sprachverfall nur die Ausdrucks- und Schreibweise. Das lässt einen gewissen Spielraum für Kreativität offen. Sprachverstümmelung hingegen attackiert die Grammatik selbst. Sie ist die Karies am Zahnhals der Sprache, der Schädling, der die Wurzeln des Satzbaums anknabbert. Wie jeder kultivierten Pflanze tut auch der Sprache ein wenig Beschnitt durchaus gut – aber nicht, wenn man alles bis auf ein paar Stummel absäbelt. Denn wie soll man kreativ mit einer Sprache umgehen, von der kaum noch etwas übrig ist?

Was die Sprache im Moment erlebt, ist die ›Generation Degeneration‹. Wenn wir Glück haben, steckt dahinter kein wirklicher Verfall, sondern nur ein Stilmittel der Jugendsprache.

Slang muss sich per Definition von der Erwachsenensprache absetzen, er muss grell und auffällig sein, ungepflegt wirken und vor allem dämlich aussehen. Trotzdem bleibt er eine Mode, die irgendwann verfliegt – spätestens dann, wenn die nächste Generation nachrutscht. Und wenn es stimmt, dass eine Generation immer das Gegenteil von dem macht, was ihre Vorläufer angestrebt haben, dann erleben wir schon bald eine neue sprachliche Blütezeit!

Mein Tipp:

Der Sprachverstümmelung gegensteuern! Wunden heilen, Erste Hilfe leisten! Ich selbst bin ein exzessiver Verwender des Genitivs und gebrauche auch gern den Akkusativ – selbst da, wo beide schon längst nicht mehr heimisch sind. Um das innersprachliche Gleichgewicht wiederherzustellen, bilde ich auch gern Sätze, in denen die vertriebenen Präpositionen in anderer Form auftauchen:

»Der Frisör, der in kurzem Zeitabschnitt einen Abschnitt meines Haares abschnitt, machte, um sich nicht zu überschneiden, nach dem Anschnitt einen Einschnitt und lobte ohne Aufschneiden sein gutes Abschneiden.«

Gehet hin und sprechet!

Es bleibt zu hoffen, dass die ›Shprach-Ent-Zait‹ eine düstere Utopie bleibt, die niemals Wirklichkeit wird. Obwohl – warum eigentlich? Sollten sich die Menschen je so verständigen, wird es ihnen völlig normal erscheinen. So wie wir uns auf eine Art und Weise austauschen, die einem Sprecher vor fünfhundert Jahren die Tränen ins Auge und den Tinnitus ins Ohr getrieben hätte. Mehr noch, die Sprecher der ›Shprach-Ent-Zait‹ würden ihre Ausdrucksweise sogar als wohlgeformt und stilvoll empfinden. Jede Generation hält ihre Ausdrucksweise für das Nonplusultra, für den Gipfel der sprachlichen Evolution. Kein Kind wird je zu seiner Mutter laufen und jammern: »Mami, die andern Kinder in der Schule machen die Sprache kaputt!«

Die fixe Idee vom Sprachverfall ist so alt wie die Sprache selbst. Sie ist ein Federteufelchen, das aus der gleichen Schachtel hüpft, in der auch Sätze stecken wie »Früher war alles besser« und »Zu meiner Zeit wären wir nicht so rumgelaufen«. Doch wie sähe die Sprache aus, wenn wirklich alles so geblieben wäre, wie es einmal war? Wenn schon unsere Ahnen in grauer Vorzeit jeder Veränderung ihrer frisch erfundenen Sprache einen Riegel vorgeschoben hätten? Wir würden uns noch heute gegenseitig angrunzen.

Nichts in der Sprache ist in Stein gemeißelt, nicht mal in Stein gemeißelte Sprache – das mussten auch unsere in Stein meißelnden Vorfahren feststellen, als sie den ersten Brief auf Papyrus bekamen.

Zeitung und Brief war
Gemeißelt in Schiefer –
Beim Schreiben, da hatten 's die Ostgoten schwer.
Doch schrieb ein Ägypter,
Viel leichter sein Skript war –
Das freute die Ostgoten-Postboten sehr.

Sprachwandel ist nicht nur natürlich, sondern auch wichtig, denn er hält die Sprache lebendig. Trotzdem befürchten zwei Drittel der Bevölkerung einen Sprachverfall. Im Bundestag reicht eine solche Mehrheit aus, um die Verfassung zu ändern. Hat das deutsche Volk also beschlossen, dass es ihn gibt, den Sprachverfall? Und warum tut dann niemand etwas dagegen? Wieso versucht niemand, die Verfassung der deutschen Sprache zu verbessern?

Ganz unabhängig davon, ob der Sprachverfall existiert oder nicht: Wir sind die Einzigen, die etwas dagegen tun können. Wir sind die Sprache. Sie hat den einmaligen Vorteil, dass man sie allein dadurch beeinflussen kann, dass man sie benutzt. Wie ein Auto, das sich repariert, indem man es fährt. Wir müssen keine Spendenmitgliedschaft in der Fußgängerzone abschließen oder uns vor öffentlichen Verkehrsmitteln anketten – alles, was wir tun müssen, ist sprechen. Um der Sprache die Form zu geben, in der wir sie hören möchten. Um die Wertschätzung für die Sprache weiterzugeben, damit sie in ihrem Wesen erhalten bleibt. Also gehet hin und sprechet!

■ Die Sprache lebt!

Kennt Ihr das Gefühl? Ihr entdeckt zu Hause auf dem Dachboden einen Schuhkarton mit alten Fotos und stoßt beim Durchstöbern auf die Bilder von zwei Teenagern. Sie tragen braune Cordhosen mit Schlag und aufgenähten Flicken, haben einen Urwald von Haaren auf dem Kopf, aus dem picklige Gesichter hervorschauen – sie durch eine dickrandige Brille, er über einen zarten Oberlippenflaum hinweg –, und irgendwie liegt etwas Vertrautes in ihnen. Schlagartig wird Euch klar: Das sind Eure Eltern! O mein Gott, wie sahen *die* denn aus? Schließlich weiß jeder, dass Eltern schon mit Stirnfalten, Bauch und grauen Haaren (wenn überhaupt!) auf die Welt kommen. Sie sagen zwar ständig »Als ich in deinem Alter war …«, aber wirklich geglaubt haben wir doch nie, dass sie auch mal jung waren.

Mit der Sprache ist es dasselbe, nur dass der Dachboden in diesem Fall eine Bibliothek ist und der Schuhkarton eine Manuskriptsammlung. Ihr überfliegt einen Text in einer wildfremden Sprache und stellt auf einmal fest: Das ist ja Deutsch! Nein, das *war* Deutsch – vor ungefähr tausend Jahren. O mein Gott, wie sieht *das* denn aus …!?

Natürlich ist das Bild ein wenig schief. Wenn man bei einer Sprache von Eltern sprechen kann, dann höchstens in Bezug auf ihre Sprecher – und das sind eine ganze Menge. *Wir* sind die Eltern der Sprache: Ihr, ich, selbst die alte Dame aus dem Buchladen, die lieber den Brockhaus gekauft hat. Gegen die Sprachfamilie ist die moderne Patchworkfamilie nur ein müdes Häkeldeckchen.

Ihre *Wort*pflanzung, könnte man sagen, vollzieht sich mit dem größten Rudelbums, den man sich vorstellen kann. Wir alle sind die Erzeuger, weil wir die Sprache ständig befruchten und aufs Neue gebären, jeden Tag ein klein wenig. Dagegen hilft weder Pille noch Pariser, höchstens Schweigen, und das ist zwar Gold, aber nicht alles, was Gold ist, glänzt.

Gute Eltern lassen ihr Kind nicht verwahrlosen – und wenn doch, dann hetzt man ihnen zur Strafe die Supernanny auf den Hals. Das möchte ich mir in Bezug auf die Sprache nicht mal vorstellen müssen. Das heißt aber nicht, dass wir ihr jeden Spielraum verbieten dürfen, denn den braucht sie, um sich weiterzuentwickeln. Stattdessen sollten wir ihr ruhig ab und zu ein neues Sprachgewand spendieren und ihr den Umgang mit anderen Sprachen erlauben. Sie werden sie schon nicht verderben. Sonst gehören wir am Ende auch zu denen, die bei der kleinsten Veränderung den Untergang der Sprachkultur wittern – zu jener Sorte Eltern, die hysterisch loszetern, wenn es an ihnen ist, die Frage zu stellen: »O mein Gott, Kind, wie siehst *du* denn aus!?«

Von dem Verb, das ein Nomen sein wollte

Ein Verb war in der Pubertät,
In der 's wohl keinem super geht,
Und kam mit keinem Zentimeter
Seiner Verb-Identität klar:

»Ach, was all die Verben treiben –
Kaum sind sie im Imperfekt,
Lassen sie sich nieder … schreiben.
Wo ist da der Sinn versteckt?

Nehmt mir das Geplärr nicht krumm,
Doch komm ich ins Präteritum,
Dann werd ich schwach und lauf danach
Im Perfekt nur mit Hilfsverb rum!

Verbsein ist zwar schön im Präsens,
Doch die Stunden geh'n im Nu fort,
Und im Grunde meines Wesens
Bin ich überhaupt kein Tu-Wort.

Nein, aus tiefstem Silbenkern
Wünschte ich mir still, ich wär 'n
Nomen, hätt' unendlich Zeit
Und statt Person Persönlichkeit …«

Also ließ es, was nicht klug war,
Heimlich bei 'nem alten Drucker
Mit verbeulten Kupferblechen
Sich 'n Großbuchstaben stechen …

Als es eines schönen Syntax
Fröhlich futternd an der Eltern
Tafel saß, rief Muttern: »Kind, sag 's
Ehrlich, was ist los, was fällt an?«

»Nichts«, so sprach 's und fing kokett an,
Seine Lettern zu entblättern,
»Nur, dass mir vorm Verbsein graute
Und ich mich als Nomen oute!«

Was die Mutter schlecht verdaute
Und ihr echt den Tag versaute:
»Großer Goethe, das ist herb!
Kind, so sei ein starkes Verb«,

So rief sie aus und schaute groß,
»Was denken sonst die Laute bloß?!« –
»Ey Mama, checkst du 's mal? Es geht
Um *meine* Textualität!«

Der Vater – Personalpronomen
Dort am Hof des Paragrafen –
Machte, da er dies vernommen,
Einen Satz, und zwar 'n scharfen:

»Jetzt ist aber Sense, Süße!
Setzt du deine Gänsefüße
Unter meinen Tisch, sei artig –
Halte dich an die Grammatik!«

»Nein! Und würd 's dir noch so passen,
Ich werd' mich nie beugen! Lassen.«
»Du gehörst in eine Zelle –
Ab in die Excel-Tabelle!«

Schrie der Vater, wahnsinnstriefend:
»Wirst schon seh'n, du findest dich
Bald wieder bei den transitiven
Transen – auf dem Bindestrich!«

Er trieb das Verb zum Tor des Satzbaus
Auf den Allgemeinplatz raus:
»Obwohl ich ja so manches bill'ge –
Du fliegst aus der Sprachfamilie!«

Wie 's da stand im Wortgewand,
Wie ein Schimpfwort fort verbannt,
Verlor 's zum Leben jede Lust:
»Ich stürz' mich in den Redefluss!«

Sofort verschwand 's und seufzte soft,
Doch eh 's versank samt Stamm und Endung,
Nahm das Leben wie so oft
Ganz unverhofft 'ne Redewendung …

Weil ein Anglizismus sich dort,
Angelnd nach so manchem Stichwort,
Auf des Landes Zunge fläzte –
Der verstand es und versetzte:

»Ich war selbst ein Nomen mal.
Du denkst, das sei phänomenal?
Bei Kasus, Genus, Numerus
Ist längst nicht mit dem Kummer Schluss!

Doch weiß ich einen Ort, allein
Dort kannst du jede Wortart sein.
Da, wo man jeden Zwang vergisst
Und dich nach Klang und Versmaß misst:

In den Tropen, wo Honig und Met rumfließen,
Wo Stilblüten zwischen den Kiefern sprießen,
Retourkutschen über die Wortfelder fahren
Und Reime sich zärtlich umarmen und paaren …

Wo Textquellen schwellen zu murmelnden Bächen,
Novellen sich schillernd an Zungen brechen,
Auf denen Pointen schwimmen und schnattern,
Darüber geflügelte Worte flattern …

Wo nackte Fakten zum Sprechakt posieren,
Wo Lautmaler auf ihre Einwände schmieren,
Wo Ratschläge Rad schlagen, Sprechpausen schweigen,
Und Kraftausdrücke Majuskeln zeigen …

Wo Heldenepen zum Wortgefecht rüsten,
Parolen mit ihren Zitaten sich brüsten,
Wo Chor um Chor das Revolverblatt zückt
Und beim Donner des Kanons zur Sprachgrenze rückt …

Wo der Thesaurus den Wortschatz bewacht,
Der Umbruch manch reiß'rischen Absatz macht
Und zur Strophe die Tonleiter stürmt, Do-Re-Mi –
Und dieses Land heißt Poesie …«

Das Verb kam schleunigst zur Besinnung.
Seine Adverbialbestimmung
War ihm jetzt natürlich klar:
Praktikum beim Lyriker!

Der machte ohne Kommentar
Seinen Traum vom Nomen wahr
Und widmet ihm nun dies Gedicht.
Und die Moral von der Geschicht':

Beachte wohl beim Sprachenspiele,
Auch die Worte hab'n Gefühle.

Das Land der Poesie

Kapitel 2
Vokabelsalat

Wie unterschiedlich Sprachen und ihre Ausdrucksweisen doch sind!
Diese Inschrift am Bonn Square in Oxford lautet:

> *»The Lord Mayor of the City of Oxford*
> *Councillor Mrs. Olive Gibbs*
> *and the Chairman of The Bonn City Disctrict Council*
> *Herr Stadtverordneter Reiner Schreiber*
> *named this square on 5 October 1974«*

Deutsch gilt als Sprache der Dichter und Denker, aber auch als die der Unterrichter und Hirnverrenker. In einem Kulturkreis, in dem es ›Stadtverordnete‹ gibt, weiß man jedenfalls direkt, wo der Hammer hängt. Bestimmt ist Deutsch die einzige Sprache der Welt, in der ein Wort wie ›Langlebigkeitsrisiko‹ existiert – und wahrscheinlich auch die einzige, in der das nötig ist. Es gibt Lebenslagen, in denen es ohnehin schon schwer ist, die richtigen Worte zu finden – es wird nicht einfacher dadurch, dass es deutsche sind. Man könnte auch sagen, wer Deutsch spricht, kommuniziert unter erschwerten Bedingungen. Grund genug, sich anzuschauen, wie kompliziert das Deutsche wirklich ist und wie die Folgen aussehen …

Inhalt:
Wenn Deutsch eine Stadt wäre – ›Poetical Kokettness‹ – Vorsicht vor Wortungeheuern – Die X-Men unter den Substantiven – Kant in der Küche – Philosophische Kochrezepte – Männliche Aggregatzustände und Liebes- metaphysik – Was is 'n das jetzt mit uns beiden?

■ Deutsche Sprache, schwere Sprache

Ein Onkel von mir heiratete eine Amerikanerin, die ihm zuliebe Deutsch lernen wollte – aber es gibt Dinge, die man selbst aus Liebe nicht fertigbringt! Allein die unterschiedlichen Verwendungsmöglichkeiten des Wörtchens ›doch‹ trieben sie schier zur Verzweiflung – etwas, das ich als Muttersprachler nicht im Traum für besonders schwierig gehalten hätte. ›Doch‹ ist doch ganz einfach. Oder nicht? Doch. Auch ihre zwei Jahre alte Tochter – meine Kusine – schien ihre Startschwierigkeiten zu haben: Einen ganzen Nachmittag lang hatte sich meine Mutter abgemüht, ihr die Bedeutung von ›kaputt‹ zu erklären – vergeblich. Dachte *sie*. Denn als es am nächsten Tag in Strömen regnete, wies die Kleine bestürzt nach draußen und rief: »Oh no, the weather is kaputt!«

Allen, die Deutsch als Fremdsprache lernen müssen, spreche ich mein aufrichtiges Mitgefühl aus. Ich bin heilfroh, dass ich das schon als Kind hinter mich bringen konnte. Wie kaum eine andere Sprache ist Deutsch berüchtigt für undurchschaubare Regeln, sperrige Ausdrücke und nüchterne Begrifflichkeit. Wäre Deutsch eine Stadt, dann bestünde sie aus Nachkriegsarchitektur. Es wäre eine Stadt aus klobigen Vokabelklötzen, akribisch geplant – allerdings nach einem System, das nicht einmal die Einwohner verstünden. Eine verschachtelte Stadt, in der von jedem Hauptsatz unzählige Nebensätze abzweigten und in andere Themengebiete führten. Eine Stadt, in der sogar das Auto von *Google Satzglied View* hoffnungslos verloren wäre.

Und dennoch gäbe es zwischen den grauen Satzkonstruktionen immer wieder entzückende Spielplätze und Parks zu entdecken, verschnörkelte Verszeilen und farbenfrohe Wandbilder von bezaubernder Schönheit: die Poesie! Vielleicht ist das die erstaunlichste Eigenschaft unserer Sprache: dass sie es schafft, so bürokratisch und in der Poesie gleichzeitig so anmutig sein. Das hat etwas von einem Disco-Rausschmeißer, der nach Feierabend Ballett tanzt.

Wie der Deutsche selbst trennt auch seine Sprache strikt zwischen Arbeitsalltag und Freizeit. Wortspiele bitte erst nach Feierabend, tagsüber muss alles seine Ordnung haben! Da trägt man die Sprache wie einen Arbeitsanzug – gepflegt, sauber und mit einem Krawattenknoten in der Zunge.

Aber macht es nicht viel mehr Spaß, in eine ›Bürohaut‹ zu schlüpfen statt in einen Anzug? Im Deutschen wimmelt es nur so von Bildern, von poetischen Ausdrücken, von Möglichkeiten, den ach so korrekten Formulierungsalltag aufzulockern. Es ist doch viel schöner, sich auf den ›Drahtesel‹ zu schwingen, nicht aufs Fahrrad, statt Bier ein ›Flüssigbrötchen‹ zu besorgen und beim Bezahlen keinen Warentrenner zu benutzen, sondern eine ›Kassentoblerone‹!

Wer Alltagsgegenständen, Personen und Tätigkeiten einfach mal andere Namen verpasst, ändert damit auch seine Wahrnehmung dieser Dinge. Um das Gewohnheitstier aus dem öden Trott zu befreien, fängt man am besten im Kopf an – in der Etikettiermaschine, die aus dem Sitzplatz einen ›Schreibtischstuhl‹ und aus den nächsten acht Stunden einen ›Arbeitsalltag‹ macht. Ebenso gut könnte es ein ›Gesäßparkplatz‹ sein, auf dem man sein ›seriöses Tagesdrittel‹ verbringt.

Umformulieren heißt Umdenken. Wo die Langeweile mit im Doppelbett lag, hat ein Rollenspiel schon so manche Beziehung gerettet. Das hier ist nichts anderes als ein Rollenspiel für die Sprache – man muss ja nicht gleich seinen Kollegen Tiernamen geben.

Auf *randgruppensezifische Schönformulierung* verwenden wir irrsinnig viel Energie (siehe *Dritter Reiter: Political Correctness*, S. 45) – aber sprachliche Verspieltheit im Alltag ist viel nötiger als züchtiger Gehorsam! Also wenn wir der Sprache ein neues Gewand überziehen, dann bitte nicht nur hochgeschlossene Kleider und gebügelte Hemden mit Kragen, sondern auch den ausgeflippten Fummel aus dem Hippie-Laden. Lasst sie ruhig mal als Punk rumlaufen. Vergesst *politisch korrekt* – seid lieber *poetisch kokett!*

Philipp Scharris Initiative für mehr Poesie im Alltag

Und so geht's:
Unsere Sprache braucht mehr Freizeit! Wenn ein
Mensch zu viel gearbeitet hat, nimmt er sich eine
Auszeit, ein sogenanntes Sabbatical – gönnen
wir der Sprache ein **Grammatical!**

Machen wir …
    … Flip-Flops zu Fußtangas,
    Kamine zu Rußhangars,
    Geranien zu Balkonkräutern,
    Tetrapacks zu Kartoneutern,
    Bettfedern zu Matratzengräsern,
    Bademützen zu Glatzenpräsern …

Lasst uns …
    Nicht angeln gehen, sondern Fische lüften,
    Kein Fenster öffnen, sondern Frische stiften,
    Keine Träume zerstör'n, sondern Fabeln zerbomben,
    Statt Lippen zu piercen, den Schnabel verplomben,
    Keine Achseln rasier'n, sondern Armwolle pflücken,
    Kein Geschäft verrichten, sondern Darmzoll abdrücken …

Werdet kreativ und peppt Eure Ausdrucksweise auf – das ist
angewandte Poesie. Für mehr sprachlichen Unfug im Alltag!

SELBERBASTEL-BOGEN

71

▮ Wo die wilden Worte wohnen

In einem Sketch von Monty Python geht es um den witzigsten Witz der Welt, über den sich jeder, der ihn hört, buchstäblich totlacht. Als schließlich die Royal Army davon erfährt, beschließt sie, den Witz als Geheimwaffe gegen die Nazis zu benutzen, und übersetzt ihn ins Deutsche:

»Wenn ist das Nunstück git und Slotermeyer?«
»Ja! ... Beiherhund das Oder die Flipperwaldt gersput!«

Mit Deutsch hat das ungefähr so viel zu tun wie die Durchsagen in einem ICE mit Englisch. Aber es zeigt, wie das Deutsche von unseren Inselnachbarn wahrgenommen wird. Auf alten englischen Seekarten hat man Gegenden, die als nicht geheuer galten, mit »Here be Dragons« markiert – »Hier gibt es Drachen«. Sollte es jemals eine Karte zur Navigation der europäischen Sprachgebiete geben, dann fände man den gleichen Hinweis über dem deutschen Sprachraum. Denn hier hausen tückische Zungenbrecher wie ›Wursthöchstverzehr‹ und kieferausrenkende Wortungetüme wie ›Krankenversicherungsbeitragsanteilsbemessungsordnung‹.

Deutsch ist eben eine Nomen-Sprache. Da geht es nicht um Taten, sondern um Gegenstände – materielle, solide Dinge. Mein Auto, mein Haus, meine Botschaft. Andere Sprachen verwenden Verben, um zu beschreiben, was geschieht – das Deutsche setzt auf die Verwendung von Nomen zur Beschreibung des Geschehens. Oder auch auf die Nomenverwendung zur Geschehensbeschreibung. Ganze Sätze lassen sich aneinanderketten – in diesem Fall zur ›Geschehensbeschreibungsnomenverwendung‹. Ein Satz wie ›Schatz, ich geh kurz spazieren‹ lässt sich zusammenfassen zur ›Lebenspartnerunterhaltungsunwilligkeit‹.

Diese Nomenraffgier ist unersättlich: Wie Perlen werden die Wörter auf die Substantivkette gezogen – im Prinzip ohne Beschränkung. Doch der Zusammenhang zwischen den einzelnen Perlen ist dabei nicht immer gleich: Wer im Orient-Imbiss einen Puten-Döner bestellt, bekommt in der Regel ein Sandwich *aus* Putenfleisch – ein Schüler-Döner dagegen ist hoffentlich ein Döner *für* Schüler! Ist ja logisch, niemand erwartet hier einen Kannibalen-Kebab. Der wäre ja noch stärker mit Hormonen belastet als Pute …

Aber syntaktisch – also mit Blick auf den Satzbau – besteht absolut kein Unterschied zwischen einem Puten-Döner und einem Schüler-Döner. Beide Begriffe werden nach demselben

Das Highlight für Freunde des beliebten Kinder-Tellers – auch als RealTS™!

Sübstantiv, Süntax, Soße, alles?

Muster gebildet. Dass im einen Fall etwas anderes gemeint ist als im anderen, wissen wir nur aufgrund unserer Erfahrung – die Wörter selbst geben darauf keinen Hinweis. Deshalb raufen sich die Sprachwissenschaftler noch immer die Haare bei dem Versuch, ein Modell aufzustellen, das die Bildung dieser zusammengesetzten Wörter *syntaktisch* erklärt. Menschen müssen eine Lebensgemeinschaft schließlich auch anmelden – sonst steht ganz schnell der GEZ-Mann vor der Tür.

In Deutschland muss eben alles seine Ordnung haben, sonst entstehen Doppeldeutigkeiten. Ein klassisches Beispiel dafür ist der Begriff ›Gottesdienst‹: Man kann ihn verstehen als »Dienst des Menschen für Gott« oder aber als »Gottes Dienst am Menschen«. Welche Bedeutung stimmt? Letzten Endes hängt es wohl davon ab, ob man Pfarrer ist oder sonntags lieber ausschläft.

Wie ist es mit ›Bärenjagd‹? Der Begriff ist ambivalent, weil das Verb ›jagen‹ transitiv ist, d. h., der Bär kann entweder selbst jagen oder gejagt werden. Im Fall von Braunbär Bruno trifft sogar beides zu – direkt hintereinander. Noch unordentlicher wird die Lage dadurch, dass es auch zusammengesetzte Wörter mit übertragener Bedeutung gibt – etwa ›Bärendienst‹. Damit ist weder der Dienst des Menschen am Bären gemeint noch umgekehrt, sondern einfach ein vermeintlich großer Gefallen – und ich glaube, genau den tue ich Euch, wenn ich jetzt damit aufhöre.

Man muss Substantive noch nicht mal zusammensetzen, um Ambivalenzen zu erzeugen. Auch ein Ausdruck wie ›das Riechen des Hundes‹ ist uneindeutig. Der kann sich nämlich auf den Geruchssinn des Vierbeiners beziehen, aber ebenso gut auch auf seinen Geruch (denn ›riechen‹ ist ebenfalls transitiv). Und so bildet ›das Riechen des Hundes‹ auch im Monty-Python-Sketch die Grundlage für den mickrigen Versuch der Nazis, einen Vergeltungswitz zu schreiben:

»Mein Hund hat keine Nase!«
»Und wie riecht er dann?«
»Schrecklich!«

Als Kind wollte ich Erfinder werden und habe viel damit experimentiert, Dinge zu verbinden, die angeblich nicht zusammen-
gehörten. Einmal habe ich mehrere Kabel aneinandergesteckt,
um einen Joystick an einen Kassettenspieler anzuschließen –
und siehe da, wenn man den Joystick nach links kippte, hielt das
Band an. Das war zwar zu nichts gut, aber ein großer Triumph
für die Wissenschaft!

Auch die Sprache ist ein Steckspiel, ein Brutkasten, in dem
man neue Wortformen züchten kann. Zum Beispiel indem man
zusammengesetzte Substantive ihrerseits zusammensetzt –
zu Mutanten-Substantiven, kurz: zu **Mutantiven!**

Natürlich gilt dabei das Gleiche wie in einem Gen-Labor:
Nicht alles, was möglich ist, sollte man deshalb ausprobieren. Experimentieren ja – aber verantwortlich! Wer
sich an ein paar (ästh)ethische Grundsätze hält, kann mit
Mutantiven eine Menge Spaß haben: Nehmt zum Beispiel
die Worte ›Widersacher‹ und ›Sachertorte‹ – zusammen
ergeben sie eine ›Widersachertorte‹! Was meint Ihr, wie der
Bäcker guckt, wenn Ihr die bestellt? Oder ›Kompromiss‹
und ›Promiskuität‹ – ergibt ›Kompromiskuität‹! Nach dem
Motto: »Eigentlich gefällste mir nicht, aber ich nehm'
dich trotzdem mit!« Auch schön ist es, sich beim Service
der Deutschen Bahn zu erkundigen, ob die ›Atemzug-
begleiter‹ ›Sauerstoffhosen‹ tragen! Oder bei der Kranken-
kasse anzurufen und zu sagen, man sei ›geisteskranken-
versichert‹ und verlange ›Dachschadenersatz‹!

Ist es nicht ulkig, dass ausgerechnet das Deutsche mit seinen hyperkorrekten Formulierungen so viele Unklarheiten besitzt? Vielleicht liegt es aber auch in der Natur der Sache – wie bei einem Vertrag: Je mehr Kleingedrucktes, desto mehr juristische Schlupflöcher. Und überall dort, wo eine Lücke im System klafft, lässt sich das humoristische Brecheisen ansetzen. In jeder Doppeldeutigkeit schlummert eine potentielle Pointe. So gesehen ist der deutsche Sprachraum eine ideale biologische Nische für Komiker!

Trotzdem sind die Deutschen nicht gerade für ihren Humor bekannt. Wenn aber die Sprache das Denken beeinflusst, heißt das im Umkehrschluss: In einem Sprachgebiet, in dem es von Unklarheiten wimmelt, ist notgedrungen auch das Denken ein wenig … wirr. Und genau das hat angeblich dazu geführt, dass in unserem kulturellen Biotop eine ganz andere Art von Komiker prächtig gedeihen konnte: Philosophen! Denn ein Philosoph ist auch nur ein Komiker, bei dem sich niemand traut zu lachen …

Mittagspause im Hause Kant:

Das Aug' auf den Mittagsschmaus gebannt,
Verharrt der Hausherr asketisch am Teetisch
Und grübelt – doch weder moralisch noch ethisch!

Nein, ihn beschäftigt die deftige Speise,
An deren Bissen er heftigerweise
Sich hat überfressen, so will er indessen

Nur wissen: Wie viel kann der Mensch essen?

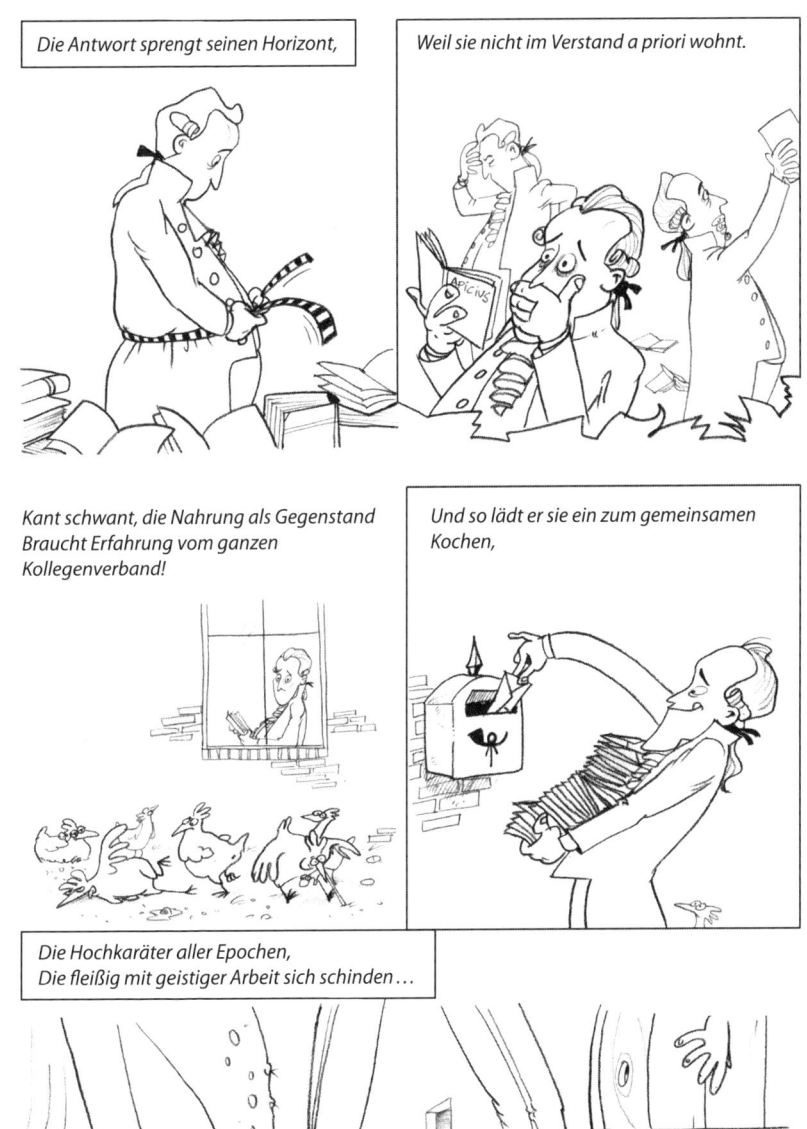

Die Antwort sprengt seinen Horizont,

Weil sie nicht im Verstand a priori wohnt.

Kant schwant, die Nahrung als Gegenstand
Braucht Erfahrung vom ganzen
Kollegenverband!

Und so lädt er sie ein zum gemeinsamen
Kochen,

Die Hochkaräter aller Epochen,
Die fleißig mit geistiger Arbeit sich schinden …

… Und meist um ein Haarbreit die Wahrheit nicht finden!

Als Erste erscheinen die alten Griechen,
Auf deren Stirnen die Falten kriechen:

Sokrates!

Aristoteles!

Platon!

Im Toga-Dress wie die eigenen Statuen.

Nach längerer Paus' steh'n die Väter der Neuzeit
Im Haus, etwas später – das ist keine Neuheit …

Haben Caipis und O-Saft mit Rum mitgebracht!

Doch Leibniz, Spinoza, Hume und Descartes

Als Letzte flitzen mit schnellen Schritten ein: Hegel, Nietzsche …

… Und hinterdrein Wittgenstein!

Dann wird getrunken, man plauscht, man erzählt,
Tauscht Thesen am Tresen zum Wesen der Welt.

*Nein, einzig in seiner rohen Form
Entspräche das Hühnchen der
hohen Norm,*

*So Platon – ja, wer sie gare, die Pute,
Verhöhne das Schöne, Wahre und Gute!*

*Nietzsche hält all das für
mystischen Spuk:*

*Der Broiler ist nicht
dionysisch genug!!!*

So schüttet er Pfeffer übers Filet,

Bis Kant ihn bittet:

*Nur eine
Idee…!*

Man probiert, und Platon, der sichtlich erbleicht ist,

Spuckt Feuer!

Er faselt vom …

Mundhöhlengleichnis!

Bis Wittgenstein tief in den Rachen ihm guckt:

Des Vogerl ist bloß an Sprachkonstrukt!

Nur Hegel missachtet die Schlegel der Henne,
Schmachtend betrachtet der Flegel die Penne

Und schwäbelt nach dialektischem Raster:

Wo 's Paschta hat, braucht 's auch Anti-Paschta!

Kants Predigt erledigt, was keiner vermocht:
Ordnung kehrt ein, es wird redlich gekocht!

Nur Nietzsche versteht's
nicht, der Störenfried …

… Den man heimlich den
Nachtisch verzehren sieht:

Gott ist
zwar tot …

So spöttelt er leise

Doch Gott sei Dank
gibt's ja noch Götterspeise!

Und nach einer Flasche Dom Pérignon
Zieht's den Herrenmenschen aufs
Herrenklo!

Nach längerem Schuften dann sitzt der Schlawiner Kreis
Endlich am Tisch bei duftender Dinnerspeis'

Rings um die Delikatesse herum,
Und folgert:

Esse ergo sum!

Schon wird beäugt, was die Philosophen
Erzeugt am Ofen trotz Katastrophen…

Da fragt, mehr im Scherz, Herr Hume nebenbei:

Und was isst man zuerst?

Huhn oder Ei?

Betretenes Schweigen sinkt auf die Runde,
Ratlosigkeit ist in aller Munde ...

Zungen, von denen der Speichel tropfte,
Kleben nun trocken im gleichen Kopfe ...

Von Wittgenstein bis zu Sokrates
Zeigt jeder sein bestes Pokerface ...

Doch genug ist die Schmach, nicht zu wissen die Antwort!

Wer klug ist, gibt nach, drum
verlässt man den Standort ...

Es lichtet sich flink wie von Geisterhand
Die Küche – übrig bleibt Meister Kant …

Der dreht am Buffet, kräht:

Rien ne va plus!

Und verschlingt das komplette 8-Gänge-Menü!

Als die Völle er auf der Veranda bereut,
Wird ihm deutlich:

Die Hölle sind andere Leut'!
Denn eines steht fest – ob Huhn oder Ei …

… Philosophen
verderben den
Brei!

Philipp Scharris Philosophen-Kochbuch

> *Und so geht's:*
> *Die größten Geister zerbrechen an den kleinsten Problemen! Ob es wirklich zu so einem heillosen Chaos gekommen wäre, wenn man die großen Philosophen auf eine Küche losgelassen hätte? Nein – ein einziger hätte vollauf genügt.*
> *Nach aufwendiger Recherche ist es mir gelungen, einige Original-Kochrezepte der weisen Meister aufzuspüren. Natürlich handelt es sich um Spezialitäten aus ihren jeweiligen Heimatregionen. Allein die Rezepte von Immanuel Kant wären ein Renner als Brigitte-Diät: Bis man seine Anweisungen überhaupt verstanden hat, sind die ersten zehn Kilo schon runter ...*

Kants Königsberger Klopse

Man nehme:
500 g Hackfleisch
1 Ei
1 Zwiebel
Paniermehl
1 EL Kapern

Unter den mannigfaltigen Gegenständen, die uns die Anschauung gibt, heißt ein solcher, der, obgleich er dem Verstande nach Gesetzen a p r i o r i als Hervorbringung eines Thieres erscheinen will, sich seiner bloßen F o r m nach als durch einen Willen, welcher eine ursächliche Vorstellung jener zum Bestimmungsgrunde hat, gestaltet, H a c k f l e i s c h .

Solches vermenge man mit einem E i, welches man zuvor von seiner Einfassung, obgleich sie Zweckmäßiges zur Form desselben beiträgt, befreit hat. Desgleichen hacke man die Z w i e b e l, die zuvor so geteilt, dass sie ihrer eigenen Anzahl das Doppelte gibt, in kleinste Stücke, mithin, dass sie dem Fleisch hinsichtlich seiner Form in nichts nachstehe, und vermenge sie mit der Fleischmasse. Mit Salz und Pfeffer schmecke man die Substanz, so dass sie einen Wohlgeschmack im S u b j e k t e , in dem einiges Annehmliches für die Sinnenorgane liegt, hervorzurufen die Möglichkeit gibt, ab. Sodann verfestige man die Masse mit Paniermehl, doch nur gerade so viel, dass sich das Ergebnis unter Aufwendung geringer Ertüchtigung zu K l o p s e n formen lässt.

Diese gebe man mit den Kapern und der verbliebenen Zwiebel in siedendes Wasser und erhitze alles bei solcher Temperatur, die, wenngleich sie hinsichtlich ihrer Q u a n t i t ä t größere Ausdehnung beweist als dem Menschen gemeiniglich zuträglich, doch in Ansehung eines für die Tätigkeit der Speisenverfertigung üblichen und nach einem bestimmten Begriff der V e r n u n f t zweckmäßigen Höchstmaße gleichsam gering erscheine, bis alles einen dem Geschmackssinne (welcher nicht zu verwechseln ist mit dem ä s t h e t i s c h e n Geschmack) hinreichend angemessenen Zustand erreicht.

Für die Tunke fertige man aus der angefallenen Brühe unter stetem Rühren eine M e h l s c h w i t z e , als bis eine Creme, die, obzwar sie in Ansehung eines o b j e k t i v e n Begriffes, den der Verstand der Einbildungskraft an die Hand gibt, hinsichtlich ihrer Q u a l i t ä t allenthalben sämig erscheine, wiewohl doch zäh zu nennen ist, entsteht.

Hierin aber liegt wohl mehr als ein Stück W a h r h e i t : dass die bereitete Speise in vorzüglicher Weise mit Reis oder Kartoffeln, allenthalben aber mit einer Portion Apfelmus, reichlich Annehmliches in der Gemütsstimmung im Subjekte bei ihrer Verspeisung hervorzurufen sich anschickt.

Platonische Souvlaki-Spieße

Man nehme:
1 kg Schweine- oder Rindfleisch
$^1/_2$ Tasse Olivenöl
3 Paprikaschoten
3 Tomaten
3 Zwiebeln
Oregano
Paprikapulver

Sokrates: Mein lieber Phaidros, wohin des Weges und woher?

Phaidros: Von Gyrios, dem Sohn des Kebapos!

Sokrates: Wie habt ihr da die Zeit verbracht? Doch natürlich hat Gyrios euch bewirtet!

Phaidros: Fürwahr, Sokrates, die Speise, an der wir uns labten, waren Souvlaki-Spieße.

Sokrates: Möchtest du gern, dass wir in den Spießen des Gyrios uns anschauen, was wir darin für kunstwidrig und was für kunstgemäß erklären?

Phaidros: Nichts lieber als das!

Sokrates: So wirst du mir zustimmen, wenn ich dir sage, dass das Fleisch und Gemüse für jenen, der es verspeist, am besten verdaulich ist, wenn er es zuerst in kleine Würfel zerschneidet?

Phaidros: Gewiss doch.

Sokrates: Und glaubst du danach, dass es die Voraussetzung für gute und wohltuende Speisen ist, dass der Koch den Geschmack weiß in den Dingen, die er zuzubreiten sich anschickt?

Phaidros: Ich glaube es.

Sokrates: Dann muss, wer eine Kunst des Kochens erlangen will, zunächst methodisch eine Marinierung durchführen.

Phaidros: Was meinst du damit?

Sokrates: Ist nun nicht so viel für jedermann deutlich, dass das Fleisch saftiger bleibt, wenn es zuvor einige Stunden in Olivenöl und Gewürzen getränkt wird?

Phaidros: Du sagst die volle Wahrheit.

Sokrates: So betrachte die Spieße deines Freundes. Scheinen dir nicht die Teile der Spieße holterdiepolter hingeworfen?

Phaidros: So ist es.

Sokrates: Jeder Spieß muss wie ein lebendiges Wesen gefügt sein, mit eigenem Körper, so dass er weder kopflos ist noch fußlos, sondern Fleisch und Gemüse abwechselnd in rechtem Verhältnis zueinander und zum Ganzen aufgesteckt sind.

Phaidros: Einverstanden.

Sokrates: So wisse denn, wenn Souvlaki dergestalt vorbereitet sind, kannst du sie über dem Feuer grillen.

Phaidros: Fürwahr.

Sokrates: Und kannst du mir sagen, was deiner Ansicht nach an Beilagen dazu passt?

Phaidros: Ei! Du wirst es mir gleich sagen.

Sokrates: Nein, mein schöner Knabe, Ei passt nicht dazu.

Kaiserlicher Wittgenschmarrn

Man nehme:
30 g Rosinen
2 EL Rum
1 / 8 l Milch
125 ml Mineralwasser
4 Eier
30 g Zucker
1 Pck. Vanillinzucker
125 g Mehl
1 Prise Salz
Puderzucker oder Zimtzucker

1   Die Speise ist durch die Zutaten bestimmt und dadurch,
     dass es *alle* Zutaten sind.

1.1 In der Küche ist nichts zufällig: Wenn die Zutat in der
     Speise vorkommen kann, so muss die Möglichkeit der
     Speise bereits in der Zutat präjudiziert sein.

2   Wenn die Rosine im Rum vorkommen kann, so muss sie
     schon in ihm liegen.

2.1 Die Rosine ist aufgequollen, insofern sie eine Stunde
     lang im Rum gelegen hat, aber diese Form des Auf-
     gequollenseins ist eine Form des Zusammenhangs mit
     dem Rum.

3   Das Ei ist oval. Die Form des Eis ist seine Schale.

3.1 Nur wenn es eine Schale hat, kann es eine feste Form des
     Eis geben.

3.2 Das Ei zerfällt in Eiweiß und Eigelb. Eiweiß und Eigelb *sind*
     das Ei. Es gilt **S {W(Ei) + G(Ei)} = Ei**

3.201 Eigelb, das mit Zucker, Vanillinzucker und Salz verquirlt
      wird, formt einen komplexen Teig.

3.202 Jede Zutat ist, gleichsam, in einem Teig möglicher
      Zutaten. Diese Zutaten kann ich mir einzeln denken, nicht
      aber den Teig ohne die Zutaten.

3.203	Wenn Mehl, Milch und Mineralwasser langsam unterge-rührt werden, verändert sich die Substanz des Teiges.
3.211	Eiweiß, das vom Ei getrennt und steif geschlagen wird, wird zu Eischnee.
3.212	Es ist dann unmöglich, das Eiweiß wieder in das Ei zurück-zuführen.
3.3	Eischnee, der unter den Teig gehoben wird, lockert ihn auf.
4	Der Teig ist ein Modell des Schmarrns.
4.01	Einen a priori garen Teig gibt es nicht.
4.1	Das Gießen des Teiges in die Pfanne bedeutet seine Er-hitzung. Die Rosine ist das, was unabhängig von dem, was der Teig ist, darüber gestreut wird.
4.11	Die Erhitzung des Teiges enthält die Möglichkeit des An-brennens. Um zu erkennen, ob der Teig roh oder gar ist, muss man ihn wiederholt wenden.
4.2	Ein garer Teig, der mit der Gabel zerrissen wird, ist der Schmarrn.
5	Worüber man nicht Zimtzucker streuen kann, darüber muss man Puderzucker streuen.

Worte, die fehlen, weiß man nicht

Man muss kein Philosoph sein, um durch sprachliche Unklarheiten Probleme zu bekommen. Meist reicht ein Satz wie »Du, was is 'n das jetzt mit uns beiden …?«

> **Achtung:**
> *Männer reagieren an diesem Punkt oft empfindlicher als Frauen, weil sie fürchten, in einen höheren Aggregatzustand wechseln zu müssen. Dieser Wechsel wird als sehr anstrengend empfunden und markiert in der Regel den Übergang von der Kistenbeziehung in die Beziehungskiste. Die Aggregatzustände des Mannes lauten:*
> *1) polygam, 2) monogam, 3) bräutigam.*

Es gibt wohl kaum einen Bereich, in dem die Sprache mehr kreativen Spielraum lässt als in der Liebe. Doch vielen Menschen fällt es unglaublich schwer, ihre Gefühle in Worte zu fassen. Besonders dann, wenn sie gar keine haben. Aber so direkt will man es dem Gegenüber natürlich nicht an den Kopf knallen, also sagt man auf die Frage »Was is 'n das jetzt mit uns beiden« einfach irgendwas …

Sprachlos

Dass ich Assistant Junior Management Facility Director bin,
Ein USB-Hub hab mit Uplink-Switch und ISO-Steckern drin,
Dass ich aus Quarks besteh, die man nach Flavours trennt und Vektor-Spin
Und Tranylcypromin bestell' bei meiner Apothekerin,

Dass Thesen apriorisch sich auf Transzendenz berufen,
Dass der Zapfen auf den Splint geflanscht wird in die Fensterkufen,
Dass die Skipper ihre Jacht durch Trimm des Riggs beim Lenzen luven
Und dass meine phatten Homies chillig auf dem Dancefloor grooven,

Das alles sag ich ohne einen einzigen Versprecher,
Aber geht es um 's Gefühl, wird jeder Satz zum Zungenbrecher …

Dass der Postkutscher von Potsdam seinen Postkutschkasten putzt,
Der Chèf die Andouillette im Vol-au-vent mit Demiglace beschmutzt,
Dass der Florist vertikutierend Mulch besäten Rasen stutzt,
Und dass der Kalligraph für Rubbelkrepp den Bürstenquast benutzt,

Dass bei Noise am Index Broker auf die Baisse spekulieren,
Dass durch permeable Zellmembran Solute diffundieren,
Ja, dass Palatum und Larnyx diesen Mist artikulieren
Von Sujets, die mich realiter nur peripher tangieren –

Kein noch so schwerer Sachverhalt bewirkt, dass meine Zunge schweigt,
Doch wenn es dich und mich betrifft, dann tritt sie in den Hungerstreik …

Denn du, du machst mich ausgesprochen sprachlos!
Du sagst mir, was du denkst, und ich: »Ach, sach bloß …?«
In den Wogen des Gefühls, das jedes Mal in mir erbrandet,
Liegt die Zunge wie ein angespülter, toter Wal gestrandet,
Und so sing ich nun dies liederliche Lied für dich,
Um dir endlich mal zu sagen, Schatz, ich …

… Ach du weißt schon.

■ Beziehungskistenkunde

Sosehr die Sprache unser Denken beeinflusst, so sehr verändert auch unser Denken das Gesicht der Sprache. Durch Jahrzehnte des Sich-Rausredens ist ein riesiger Vorrat an Etiketten entstanden, die man auf seine Beziehungskiste kleben kann: Romanze, Abenteuer, Liebelei, Flirt, Affäre, Liaison und viele andere. Manche dieser Ausdrücke wurden wahrscheinlich spontan mit dem Messer auf der Brust erfunden – wie sonst sollte ein Wort wie ›Techtelmechtel‹ entstanden sein?

Dummerweise sind all diese Begriffe weder klar umrissen noch voneinander abgegrenzt. Wie kleine verbale Chamäleons ändern sie in jeder Beziehung ihre Bedeutung und passen sich an das an, was der Partner hören will. Oder das, was man dafür hält. Dadurch kommt es immer wieder zu fatalen Missverständnissen – wie oft hat nicht schon ein Partner eine Beziehung beendet, von der der andere überhaupt nichts wusste? Was fehlt, ist eine Systematik des Was-miteinander-Habens, eine Metaphysik der Liebe!

Zum besseren Verständnis vorab ein wenig Beziehungskistenkunde:

Der Weg zur Partnerschaft vollzieht sich für gewöhnlich in drei Schritten: Am Anfang steht das Gefühl, es folgt das Küssen, und als Nächstes teilt man das Bett miteinander. Natürlich repräsentiert dies nur die weibliche Sicht – aus männlicher Perspektive ist die Reihenfolge meist genau umgekehrt.

Die Abfolge ist allerdings nicht ausschlaggebend – schließlich ist es auch möglich, eine oder mehrere Stufen zu überspringen und gleich mit dem Bett anzufangen. Wir alle haben diese Art von Beziehungskiste schon gehabt. Wichtiger ist der Zeitraum, über den die Beziehungskiste geführt wird, die Dauer. Was dabei als lang oder kurz verstanden wird, ist allerdings sehr subjektiv. Somit haben wir insgesamt vier Merkmale, anhand derer wir Beziehungskisten auseinanderdividieren können: Gefühl (G), Küssen (K), Bett (B) und Dauer (D). Indem wir sie kombinieren, entstehen unterschiedliche Partnerschaftstypen, die ich in einer tabellarischen Übersicht zusammengestellt habe. So findet man im Eifer des Gefechts blitzschnell die richtige Antwort auf die Frage »Was is 'n das jetzt mit uns beiden?« Also – seid Ihr bereit für eine Runde Beziehungskisten-Bingo?

SELBERBASTEL-BOGEN

Was is'n das jetzt mit uns beiden?	♥	👄	💍	🕐
Schwärmerei	X			
Flirt		X		
One Night Stand			X	
Romanze	X	X		
Techtelmechtel		X	X	
Abenteuer	X	X	X	
Platonisch	X			X
Liebelei		X		X
Affäre			X	X
Liebschaft	X	X		X
Liaison		X	X	X
Verhältnis	X	X	X	X
Beziehung	X	X	(X)	X
Ehe				X

Und so geht's:

Karte heraustrennen, einstecken und parat haben, wenn Ihr das nächste Mal gefragt werdet: »Duuhu, was is 'n das jetzt mit uns beiden?«

Anleitung: Das Beziehungskisten-Bingo

Beziehungskisten-Bingo funktioniert nach einem einfachen Prinzip: Steht in einer Spalte ein Kreuzchen, dann ist das jeweilige Merkmal vorhanden. Fehlt es, ist das Kästchen leer. Für die Informatiker: ›1‹ oder ›0‹. Auf diese Weise lässt sich jede Beziehungskiste auch digital ausdrücken – für alle, die lieber mit Lochkarten arbeiten. Zum Beispiel hat die *Schwärmerei* (s) den Digitalcode 1000, das *Techtelmechtel* (t) die 0110, und für das *Verhältnis* (V) lautet er 1111.

Achtung:
Liebe Informatiker, Frauen könnten es Euch übelnehmen, wenn Ihr die Frage »Was is 'n das jetzt mit uns beiden?« mit »1100« beantwortet!

Am einfachsten ist es wohl, die Beziehungskisten so darzustellen, wie es auch in der Vererbungslehre üblich ist: Einem vorhandenen Merkmal wird ein Pluszeichen, einem fehlenden ein Minus vorangestellt. Nehmen wir etwa die *Schwärmerei* (s): Man hat Gefühle für den anderen [+G], es kommt aber nicht zu Handgreiflichkeiten [−K, −B], und das Ganze ist schnell vorbei [−D]. Man schwärmt füreinander, mehr nicht. Wir halten somit fest:

> **[+G, −K, −B, −D], Digitalcode 1000**
> **Außerdem gilt: s = G**

Beim *Flirt* (f) hingegen geht es lediglich ums Küssen [+K] ohne lange Dauer [–D]. Gefühle kommen allenfalls über einen längeren Zeitraum hinzu oder werden fälschlicherweise nur von einer der beiden Parteien empfunden [–G]. Bekanntestes Beispiel: der Urlaubs-*Flirt*. Häufig fehlinterpretiert als *Liebschaft* (L) oder sogar als *Liaison* (N) – nämlich, wenn einer der Partner einige Wochen nach dem Urlaub plötzlich vor der Tür steht und fragt … Na, was wohl? Es gilt:

> **[G, +K, –B, –D], *Digitalcode 0100***
> **f = K**

Ein *Flirt* (f), bei dem das Küssen von Anfang an von Gefühlen begleitet wird, ist gar kein *Flirt* (f), sondern eine *Romanze* (r) – die Kombination aus *Flirt* (f) und *Schwärmerei* (s):

> **[+G, +K, –B, –D], *Digitalcode 1100***
> **r = G + K = s + f**

Angefangen bei der einfachsten Beziehungsform, der *Schwärmerei* (s), quasi dem Starter-Paket, gelangt man schließlich zur komplexesten Variante mit vier Kreuzchen: zum *Verhältnis* (V) – der Königsdisziplin!

> **[+G,+K,+B,+D], *Digitalcode 1111***
> **V = (G + K + B) * D**

Es mag überraschen, dass der höchste Partnerschaftstyp nicht als *(feste) Beziehung* bezeichnet wird. Die *Beziehung* (Z) besitzt jedoch einen Sonderstatus: Zwar sind sämtliche Merkmale vorhanden, doch steht das Bett dabei schon wieder in Klammern – aufgrund von Wechselwirkungen mit der Dauer. Aus dem gleichen Grund weist die *Ehe* (E) nur ein einziges Kreuzchen auf: die Dauer … Doch wenigstens wird nun endlich deutlich, warum so viele Verheiratete neben ihrer *Ehe* (E) noch ein *Abenteuer* (A) anfangen – ganz klar: *damit sie insgesamt auf vier Kreuzchen kommen!*

Merke:
Derweil es ums Verhältnis
Eher selten schlecht bestellt is',
Fall'n Beziehungen verhältnismäßig
Schnell aus dem Verhältnis.

Die einzige Kombination, die in dieser Aufstellung nicht vorkommt, ist der Typ [+G, –K, +B, +/–D], Digitalcode 1010 (bzw. 1011), also eine Bettgeschichte, bei der unabhängig von ihrer Dauer Gefühle im (Liebes-)Spiel sind, ohne dass man sich jedoch küsst. Eine solche Beziehungskiste existiert nach meiner Erfahrung nicht – wer eine andere gemacht hat, möge sie mir mitteilen (siehe **Philipp Scharris Analog-Kontaktformular, S. 263).**

■ Was is 'n das jetzt mit uns beiden?

(Zur Melodie von »Wenn im Topf aber nun ein Loch ist«)

<u>Sie</u>: *Was is 'n das jetzt mit uns beiden, lieber Heinrich, lieber Heinrich, was is 'n das jetzt mit uns beiden, lieber Heinrich, ja was?*

<u>Er</u>: Liebe Liese, es ist klar, dass diese Sache mit uns beiden
In der Krise ist und Männer solche Dramen lieber meiden!
Auch will ich nicht bestreiten, dass wir beiden uns geküsst ham,
Wir flüstern durch die Nüstern, bis die Haare lüstern knistern,
Aber nicht wie jene Paare, die sich unerhört beschmachten,
Also lass es uns als Flirt betrachten!

Sie: *Find'st du nicht, dass es etwas mehr ist, lieber Heinrich, lieber Heinrich, find'st du nicht, dass es etwas mehr ist, lieber Heinrich, was mehr?*

Er: Liebe Liese, ich erschließ' aus deinem Anblick, dass der Flirt
Dich als Begriff in deinem Streben nach Romantik eher stört.
Doch wär's 'ne reine Schwärmerei, dann bliebe alle Liebe unerfüllt,
Wogegen man beim Flirt durch einen Kuss der Triebe Hunger stillt
Für sich geseh'n reicht beides nicht an uns're Allianz heran –
Drum sieh das Ganze als Romanze an!

Sie: *Sind wir dann jetzt fest zusammen, lieber Heinrich, lieber Heinrich, sind wir dann jetzt fest zusammen, lieber Heinrich, ganz fest?*

Er: Liebe Liese, du ich glaub,
Da missverstandste die Romanze!
Darum langsam und präzise
Zur Reprise noch 'ne Chanze:
Nach meiner Expertise
Ist – so doll ich sie genieße –
Die Romanze auch bei voller
Toleranz 'ne leichte Brise;
So erreicht se im Vergleich
Bei allem Glanze zwar die Power,
Zur Beziehung fehlt hingegen noch die Dauer!

<u>Sie</u>: *Aber wenn es doch schon fast 'n Jahr geht, lieber Heinrich, lieber Heinrich, aber wenn es doch schon fast 'n Jahr geht, lieber Heinrich, was dann?*

<u>Er</u>: Liebe Liese, ich begrüße diese kleine Analyse …
Wie schnell die Zeit vergeht, man meint, sie steht, und dabei düst se!
Ihr Fluss macht just bewusster, wie robust zwar unser Pakt war,
Nur mit Blick auf unsre Lust war der Charakter schon abstrakter.
Und ich gräm' mich, liebe Liese, dass ich riesig dich verdrieße,
Darum nehm' ich die Beziehungskisten-Liste und sortier se:

Wenn wer miteinander pennt, sich keine Handbreit kennt,
Dann nennt man dies dezent 'n One-Night-Stand
'Ne Affäre wäre ähnlich, doch mit Langzeit-Trend –
Nur die Verkehrenden sind häufig dann schon secondhand …

Mehren sich Geknutsche und Gehechel übers Nächtel,
Dann rutsche ich behänd vom One-Night-Stand ins Techtelmechtel;
Brennt dabei mit Heidenkraft der Leidenschaft erhab'nes Feuer,
Steuer konsequent ich schon ins Abenteuer.

Nennen wir 's Klein-a und die Konstanten noch genauer
K für Küsse, G Gefühle, B für Bett und D für Dauer;
Großes L steht für die Liebschaft, großes A für die Affäre,
Womit kleines o der One-Night-Stand, Klein-r Romanze wäre.

Für Klein-a ergibt sich G plus K plus B, doch ohne D,
Entspricht Klein-s für Schwärmerei plus Techtelmechtel, kleines t;
Es folgt, dass kleines a mal D gleich großes L plus großes A –
Wobei Groß-A gleich D mal kleines t in Klammern minus K
Und großes L gleich kleines r mal D oder K plus G,
So dass Klein-o mal D das gleiche ist wie großes A durch D –
Macht D mal G plus K in Klammern plus Klein-o mal D genau,
Und das gibt G mal D plus K mal D plus B mal D gleich V!

Fazit: eine Liebschaft, die mit Stelldichein man kombiniert,
Muss nach Adam Riese ein Verhältnis sein – kapiert?

Sie: *Und ich dachte, dass wir zwei mal heiraten, lieber Heinrich,
lieber Heinrich, und ich dachte, dass wir zwei mal heiraten, lieber
Heinrich, wir zwei …*

Er: Wehe, liebe Liese, wenn ich auf die Ehe sehe!
Ich gestehe, dass ich nie auch nur in Ehe-Nähe gehe
Und sie zäh verschmähe – ehe nicht ein Kind im Spiel ist,
Was bei dir und mir bisher ja ganz bestimmt nicht Ziel ist!

Sie: *Wenn das Gummi aber nun ein Loch hat, lieber Heinrich,
lieber Heinrich, wenn das Gummi aber nun ein Loch hat, lieber
Heinrich, was dann …?*

Er: Dann … äh … dann hol ich mal grade Zigaretten, liebe Liese,
liebe Liese, dann hol ich mal grade Zigaretten, liebe Liese,
bis dann …!

Kapitel 3
Jäger des verlorenen Satzes

Latein

Hast du oft auf Big Mac Bock?
Dann übe fleißig hic haec hoc!
Denn wenn du mal ins Grase beißt
Und fragst im Himmel naseweis
Auf Deutsch, ob man dir Brote mache,
Dann versteht 's kein Engelein:
Im Jenseits spricht man nur Latein –
Ist ja auch 'ne tote Sprache.

Unsere Sprache ist alt, verdammt alt. Es ist viel passiert zwischen den kakophonetischen Wortexzessen der heutigen Zeit und dem »Ugh« des ersten Menschen, der vom Baum gestiegen ist und nach der Rückkehr feststellen musste, dass man seinen Baum abgeschleppt hatte. Dort, wo man einst das Wort vor lauter Bäumen nicht hörte, ruhen zahllose Kostbarkeiten unter dem Sand der Zeit. Es lohnt sich, nach ihnen zu graben, den Wörtern unserer Vorfahren – oder den Vorfahren unserer Wörter, je nachdem. Im Gegensatz zu Menschen haben sie nicht das Problem, dass sie nach dem Ausbuddeln unangenehm riechen und ständig Teile verlieren. Dabei kommt so manches Kleinod zutage – zum Beispiel die Erkenntnis, dass der Wortbestandteil -od verwandt ist mit -ut, -at und -öde in ›Armut‹, ›Heimat‹ und ›Einöde‹. Machen wir uns also auf, ein paar Gräber zu plündern …

Inhalt:
Sprachliche Ahnenforschung – Keine Furcht vor Schweinen – Ärger über ein defektes Kommunikationsmittel – Wenn Bildung zur Sucht wird – Buchstaben rücken – Anleitung zur Weiterverarbeitung von Cannabis – Auch alte Wörter wollen leben

■ Etymology Jones und die Sprachäologie

So unglaublich es erscheint: Auch unsere Sprache war einmal jung, hat die Haare wachsen lassen und ist mit dem Mofa um den Block geheizt. Genaugenommen war sie schon immer ziemlich rebellisch. Sie hat sich wenig vorschreiben lassen und sich nicht groß darum geschert, wenn es hieß: »Aber um 1400 bist du wieder so wie früher, verstanden?«

Stattdessen hat sie sich munter verändert. In der Tat hat das heutige Deutsch mit dem Mittelhochdeutschen, das vor rund tausend Jahren gesprochen wurde, ungefähr so viel zu tun wie mit dem Niederländischen. Genau wie Latein gehört Mittelhochdeutsch zu den untoten Sprachen – jenen Sprachen, die eigentlich tot sind, aber immer noch ruhelos als Zombies durch Klassenzimmer und Hörsäle geistern. Da werden mulmige Erinnerungen wach an gruselige Grammatikstunden und Textorzismen. Mittelhochdeutsch schien nur dafür gemacht, Schüler das Fürchten zu lehren.

Dabei kann uns Mittelhochdeutsch ganz andere Dinge lehren als das Fürchten – etwa, dass der zugrundeliegende Begriff ›Furcht‹ vor ein paar hundert Jahren ›vorhte‹ hieß und verwandt ist mit dem Wort ›Furche‹. Dies geht seinerseits zurück auf das lateinische ›porca‹, abgeleitet von der weiblichen Form von ›porcus‹, also »Schwein« – ein Tier, das gern die Erde mit der Schnauze aufwühlt. Genaugenommen bezeichnet ›Furcht‹ also ein emotionales Aufgewühltsein. Mit anderen Worten, wann immer uns etwas das Fürchten lehrt, steckt dahinter der innere Schweinehund! Also, liebe Frauen: Furcht vor Furchen im Gesicht macht erst recht welche, das ist etymologisch nachweisbar. Und wer sich zu viel fürchtet, steht am Ende selbst da wie *Einer, der sich auszog, andere das Fürchten zu lehren.*

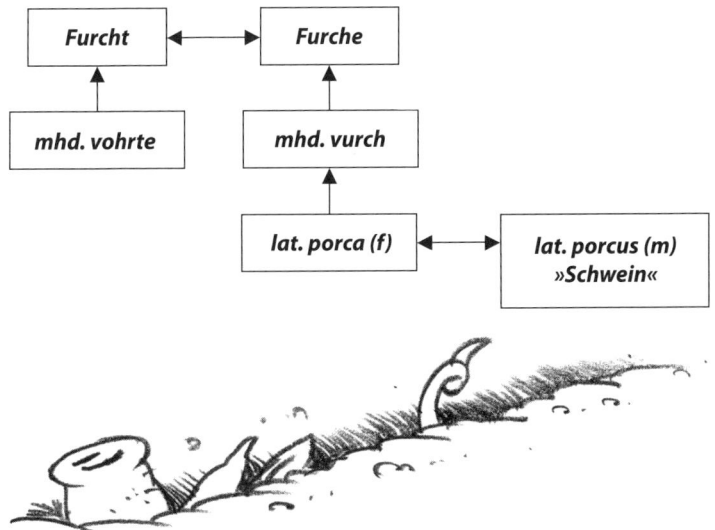

Die Sprachgeschichte ist voll von Beispielen für unerwartete Zusammenhänge. Natürlich genügt es, wenn sich die Sprachwissenschaftler mit Mittelhochdeutsch und seinen Vorgängern herumschlagen. Sie haben es sich ja selbst ausgesucht. Doch ein wenig Sprachäologie, ein wenig etymologische Ahnenforschung, hält auch für Otto Normalversprecher verblüffende Einsichten bereit. Durch einen Blick auf den Stammbaum unserer Worte erfahren wir von Ahnen, von denen wir überhaupt nichts ahnen. Er verrät uns, wer in der Sprachfamilie mit wem verwandt ist, wer wen mit wem betrogen hat und dass zwar nicht der ›Wunsch‹ Vater des ›Gedankens‹ ist, wohl aber ›Wunsch‹, ›Wahn‹ und ›wohnen‹ einen gemeinsamen Vater haben.

Natürlich sind nicht alle Entdeckungen positiv. Ein ums andere Mal stößt man auf verwandte Bedeutungen, auf die man gern verzichtet hätte. Aber was ist Euch lieber: einen Bogen um diese sprachliche Verwandtschaft machen zu können, weil Ihr von ihr wisst – oder ahnungslos durch die Welt zu quasseln, bis plötzlich jemand mit dem unliebsamen Onkel vor Euch steht und ruft: »Weißt du eigentlich, was du da gerade gesagt hast?« Eben.

Im Deutschen wird die weibliche Form eines Wortes meist aus der männlichen gebildet: Lehrer-in, Schüler-in, ironischerweise auch Feminist-in. Wie würden die Letzteren frohlocken, wenn sie wüssten, dass es beim Schwein genau umgekehrt ist! Folgen wir nämlich dem ›Schwein‹ über den Acker der Geschichte in die Zeit des Germanischen, begegnen wir seinem Vorfahren ›sû‹, einem Femininum. Dieses Wort stand für das weibliche Schwein und ist bis heute im Wort ›Sau‹ erhalten geblieben. Parallel dazu bekam es die Endung -in verpasst und wurde zu ›sûwîn‹, woraus sich im Lauf der Jahrhunderte das heutige ›Schwein‹ entwickelte.

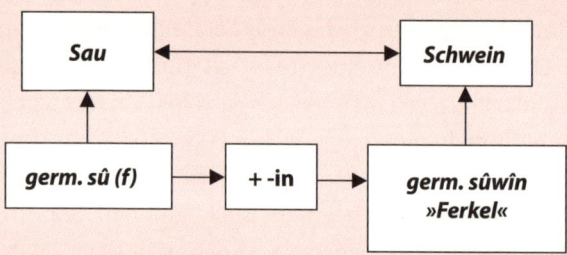

Der Witz in der Sache: Die Endung -in kennzeichnete damals nicht die weibliche Form (denn die hatte das Wort ja schon), sondern die Jungen eines Tieres ... Ist das Schwein also Beweis dafür, dass tief in jedem Mann ein kleines Ferkel steckt?

Für eine Handvoll Erde

Greifen wir mal tief in den Acker der Geschichte hinein und nehmen eine Handvoll Erde. ›Erde‹ als solches gibt es eigentlich gar nicht. Was wir da in der Hand halten, setzt sich aus vielen Bestandteilen aus unterschiedlichsten geologischen Zeitaltern zusammen: etwas Sand, etwas Kreide, Lehm, ein paar Steinchen, Vulkanasche, Pflanzenreste und vielleicht ein Meeresbewohner, der vor Millionen Jahren auf dem Nachhauseweg spontan versteinert ist.

Ganz ähnlich verhält es sich mit der Sprache. Eigentlich gibt es gar kein Deutsch. Ein einfacher Satz wie »Super,

117

jetzt ist mein Handy kaputt!« ist ein Häuflein sprachäologischer Fundstücke: ›super‹ entstammt dem Latein-Zeitalter und bedeutete ursprünglich »über«, ›Handy‹ ist ein Anglizismus, allerdings kein echter, denn im Englischen bedeutet ›handy‹ nicht »Mobiltelefon«, sondern »handlich« – und schließlich die Überraschung des Tages: auch ›kaputt‹ ist kein deutsches Wort, sondern wird meist zurückgeführt auf den französischen Kartenspieler-Ausdruck ›faire capôt‹, der so viel hieß wie »ohne Stich spielen«. Das Einzige, dessen Wurzeln an die Vorstufen des heutigen Deutsch heranreichen, ist das grammatische Füllmaterial, ›jetzt ist mein‹. Doch wie die Umgangssprache erfolgreich belegt, braucht man nicht mal das, um den Satz zu verstehen: »Super, Handy kaputt!«

Innerhalb der indoeuropäischen Sprachfamilie bezeichnet Deutsch im Grunde nur unsere bestimmte Art und Weise, mit den gleichen Bauklötzen zu spielen wie unsere Geschwister. In der Kiste liegen viele germanische Klötze, jede Menge lateinische – manche deutsch übermalt, aber man sieht das Latein noch durch –, dann sind französische dabei, griechische, englische, neuerdings auch türkische. Ich wette, in ein paar hundert Jahren wird es die Leute verblüffen zu erfahren, dass der ihnen völlig geläufige Ausdruck ›ischer‹, den sie zur Bekräftigung ans Ende ihrer Sätze hängen, eine Lehnübersetzung aus dem Türkischen ist und im 21. Jahrhundert noch »ich schwöre« hieß.

Was wir heute als Hochdeutsch bezeichnen, ist nicht bloß das Ergebnis einer linearen sprachgeschichtlichen Entwicklung. Es war immer auch Strömungen aus anderen Sprachen ausgesetzt, die es mit Entlehnungen, Lehnübersetzungen und Fremdwörtern durchspült haben. Die deutsche Sprache ist das, was Deutschland gern wäre: ein buntes Multikulti-Treiben, ein funktionierender Vielwörterstaat, ischer!

Im Grunde wollt' ich nur ein wenig Spanisch lernen,
Um im Ausland beim Gespräch nicht sofort panisch zu werden,
Denn fast immer ist es so, wenn ich zur Reise starte,
Passt mein Wortschatz ganz genau auf eine Speisekarte.

So nahm ich nicht nur Spanisch, auch Japanisch, Portugiesisch,
Koreanisch, Italienisch, Dänisch, Flämisch und Wallisisch, Friesisch,
Schwyzerdütsch – und mehr aus Witz nur wählt' ich obendrein
Esperanto, Afrikaans, Kisuaheli und Latein!

Ich verbrachte jeden Abend an der Volkshochschule
Und war so gut, dass ich mich heute im Erfolg noch suhle.
Bald kannt' ich mehr Vokabeln schon als laut Fabel Babylon,
Doch als ich mich abnabeln wollte, hatt' ich da nur Trouble von:

War ich zwei Tage ohne Kurs, wurd' weich mein Kopf wie Bohnenmus,
Verstopfung, Kopfdruck, Übelkeit, es rief der Arzt: »Du liebe Zeit!«
Nur mein Therapeut war sehr erfreut und flugs der Meinung,
Was ich hätte, wär 'ne deutliche Entzugserscheinung …

Ach, ich nehm' ja keine Drogen, ich geh doch nur zur VHS,
Und es wär' gelogen, wenn ich sagte, ich bedauer' es!
Ich sag es dir ins Angesicht:
'Ne Sucht ist das noch lange nicht,
Noch hat mich keiner drangekriegt,
Weil ich nicht koks' und kiff'!
Ich baue keinen Dauerjoint,
Stattdessen lern ich Powerpoint –
Vertraue mir, ich hab das voll im Griff!

Viel mehr, als ich erkunden kann, lern ich an der VHS:
Und so versetzt mein Stundenplan mich permanent in Dauerstress:
Mein Tag beginnt um kurz nach sechs
    mit ›Wie du dich am schnellsten weckst‹,
Gefolgt von Informatik, und um acht ein Stündchen Batik

Um neun Uhr lern ich Dudelsack, danach, wie ich 'n Strudel back,
Hab Cello und um elf ›Was tun, wenn Bello in die Bude kackt?‹
Dann pudelnackt zur Selbsterfahrung, mittags koch ich Pfälzer Nahrung,
Diskutier im Ethikkurs die Zukunft der Synthetikwurst

Schaff 's zu ›Outlook‹ nicht mehr ganz, meditier' beim Ausdruckstanz
Üb' um sechs ›Kondome-Überzieh'n an einem Kautschukschwanz,
Spür Zweifel, ob ›Survival‹ nicht mein Limit übersteigt,
Doch davor hab ich ›Rhetorik‹ – und schon bin ich überzeugt!

Nach ›Dinner für Beginner‹ und der Schwangerschaftsgymnastik
Bin ich fällig für den ›Bibelkurs nach langer Haft für Knastis‹
Und mit ›Hilfe, das Examen naht!‹, ›Gesund ernähr'n mit Rahmspinat‹
Und ›Glücklichsein trotz Damenbart‹ rund ich meinen Abend ab …

Ich brauch zwar keine Drogen, doch, na gut, ich brauch die VHS –
Da werd' ich hingezogen, dass ich selbst die schönste Frau vergess'!
Wenn ich das so fortsetz',
Brummt mein zerebraler Kortex
Wie ein Störsignal im Ortsnetz,
Doch das ist mir völlig schnurz!
Ich brauche täglich Unterricht,
Und wenn's nicht jemand unterbricht,
Kommt sicher bald der Goldene Kurs …

Nun ist mein Kopf so vollgestopft, dass Wissen sich spontan entlädt,
Und meine eigne Braut, die traut des Nachts sich nicht mehr in mein Bett,
Weil morgens früh ihr Schlafanzug als Borde unser Betttuch ziert,
Die Wand ist mit Porträts beschmiert und sie am Popo tätowiert …

Die Freunde hab'n sich abgewandt, man lädt mich nicht zum Essen ein,
Doch könnte – wenn man mich fragt – deren Essen so viel besser sein!
Sogar die Beförderung wurd' wieder dementiert,
Dabei sag ich meinem Chef doch täglich, wie man so 'ne Firma führt!

Ich schlafe unter der Brücke nachts, mein Schicksal kümmert keine Sau –
Und wenn ich keine Brücke find' – ich weiß ja, wie ich eine bau'!
Doch sicher, wenn ich's wirklich will, dann schaff ich den Entzug …
… Und Kurse dafür gibt's ja an der VHS genug!

Ich brauche keine Drogen, und ich geh nicht mehr zur VHS,
Ich hab mich selbst betrogen, aber jetzt weiß ich Genaueres!
Hätt' ich vorher nicht gedacht,
Dass VHS mich süchtig macht,
Und darum ist jetzt Schicht im Schacht,
Ich weiß, das find'ste gut!
Bin endlich clean, hab heile Welt
Und hoff, dass die 'ne Weile hält –
Als Gastdozent am Goethe-Institut …

Der Mensch ist ein seltsames Geschöpf. Nie ist er zufrieden mit dem, was er hat, aber verändern soll sich möglichst auch nichts, denn es könnte ja noch viel schlimmer werden. Also kommt die Veränderung auf leisen Sohlen daher, damit 's bloß keiner merkt. Das gilt auch für die Sprache. Im Laufe seiner Geschichte hat das Deutsche einige umwälzende Veränderungen durchgemacht, doch sie haben sich in so kleinen Schritten vollzogen, dass es den Zeitgenossen kaum aufgefallen ist. So ähnlich wie beim Altern: Eh man sich 's versieht, steht man vor dem Spiegel und fragt sich, wer den Rentner ins Zimmer gelassen hat.

Früher gab es kein sprachliches Aufsichtsorgan, das ab und zu tagte und irgendwann eine neue Rechtschreibung beschloss. Vielmehr hat man sich nicht groß um die Recht*schreibung* geschert und stattdessen gleich die Recht*sprechung* verändert. So kam das zustande, was Sprachwissenschaftler als *Lautverschiebung* bezeichnen: Indem bestimmte Laute durch andere ersetzt wurden, hat sich die Gestalt vieler Worte verändert – und damit das Gesicht der ganzen Sprache. Heute rücken wir Möbel, damals hat man eben Laute verschoben. Eine Art Feng Shui für die Sprache. Während so einer Lautverschiebung kann es passieren, dass Du abends ins Bett gehst, um morgens im Pett aufzuwachen. Und wer dabei sofort an Petting denkt, hat Pech, denn das heißt längst Fetzing. Was nicht heißt, dass es deshalb fetziger ist.

Hier alle Einzelheiten aufzurollen würde zu weit führen. Nur so viel: Insgesamt gab es zwei große Lautverschiebungen, von denen ich nur auf die zweite eingehe, denn sie legte den Grundstein für die Unterscheidung von Hochdeutsch und

Niederdeutsch (auch Plattdeutsch genannt). Betroffen waren ausschließlich Konsonanten, ganz vorn dabei p, t und k. Diese Laute wurden in bestimmten Fällen ersetzt durch pf, ts, und ch. Statt ›aphul‹ sagte man auf einmal

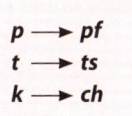

›Apfel‹, ›Katze‹ statt ›katta‹ und ›auch‹ statt ›auk‹. Damals war es wörtlich gemeint, wenn Dir jemand ein X für ein U vorgemacht hat.

Ein paar Jahre später merkte man, dass man auf die Dauer doch nicht ohne p, t und k auskam. Hätte man auch vorher dran denken können – aber niemand ist vollkommen. Trotzdem wurde die Verschiebung nicht rückgängig gemacht. Nein, man dachte damals schon wie unsere Politiker heute: Ist die Reform erst auf dem Weg, wird sie durchgeboxt, und wenn der

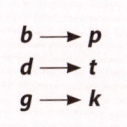

Tisch wackelt, schiebt man eben ein paar Bierdeckel drunter. Also nahm man kurzerhand b, d und g und verschob sie Ersatzes halber zu p, t und k. Das Durcheinander war perfekt. Wenn also Pontius Pilatus im Monty-Python-Film ›Das Leben des Brian‹ fordert: »Werft den Purchen zu Poden!«, dann ist das zwar historisch gesehen ein wenig früh, aber ansonsten korrekt.

Ihren Ursprung hatten diese Veränderungen im südlichen Teil des deutschen Sprachraums, also im Gebiet der heutigen Schweiz. Obwohl unsere Nachbarn ja nicht unbedingt für ihre Schnelligkeit bekannt sind (Vorsicht, Klischee – ich weiß!), war man dort besonders eifrig mit der Lautverschiebung zugange – im Norden dagegen bekam man kaum etwas von der ganzen Sache mit. Der Informationsaustausch in der damaligen Zeit war eben nicht so ausgereift wie heute: Es gab kein Internet, keine Wikipedia, nicht mal einen Duden, in dem man ein Wort hätte nachschlagen können. Veränderungen der Sprache wurden nur durch Gebrauch weitergegeben. Deshalb schwappte die Lautverschiebung wie eine Welle übers Land, ein Zungnami – und je weiter er nach Norden kam, desto mehr ebbte er ab. Diese schrittweise Abschwächung kann man noch heute an den Dialekten beobachten: Tief im Süden sagt man ›ich‹ mit einem dunklen ch, also einem, das im Rachen gebildet wird wie beim Gurgeln, in der Mitte Deutschlands mit einem hellen ch, das zwischen den Kiefern hindurchpfeift – und im Norden pfeift man auf beides und sagt ›ick‹ oder ›icke‹. Wer weiß, vielleicht ist man in der Schweiz heute deshalb so vorsichtig: weil man gesehen hat, was passieren kann, wenn man voller Elan voranprescht … Nichts für ungut, liebe Schweizer!

Das Beispiel, das mich persönlich immer am meisten fasziniert hat, ist das Wort ›Hanf‹, das mit dem griechischen Begriff ›kannabis‹ identisch ist. Die beiden Wörter bedeuten nicht nur das Gleiche, es ist beide Male das gleiche Wort – vorher und nachher. Macht Euch keine Hoffnung, es reicht nicht, Cannabis zu rauchen, um es in Hanf zu verwandeln. Aber die Lautverschiebung ist ein viel besserer Trip, und man muss dafür noch nicht mal nach Holland fahren.

Warum erzähle ich das alles? Die Lautverschiebung ist ein fester Bestandteil der Sprachgeschichte, das Lifting, durch das sich das Vokabular jung und frisch hält. Wenn uns Schwarzmaler weismachen wollen, dass es mit unserer Sprache den Bach runtergeht, dann wird es möglicherweise Zeit für eine neue Lautverschiebung: Hochdeutsch hat ausgedient, jetzt kommt Höchstdeutsch!

Wie man aus kannabis Hanf macht

Und so geht's:

1. Das k- im Anlaut wie kch- aussprechen (damit ist der Laut gemeint, den ein Schweizer benutzt, wenn er »Kchlischee« sagt).

2. Das -b- langsam verhärten, bis es ein -p- geworden ist.

3. Auf der Endung -is so lange kauen, bis nur noch ein unbetontes -e übrig ist (oder auch -ə – der Sprachwissenschaftler sagt dazu »Schwa«).

Zwischenstand: Schon jetzt ist das ›kannabis‹ kaum wieder- zuerkennen und sieht ungefähr so aus: *kchannape. So lässt es sich problemlos über die Grenze schaffen, weil die Zollbe- amten es für ein Kanapee halten. Aber schon bald haben sie den Trick raus – also weiter:

---

4. Vom Anlaut nur noch ein h- übrig lassen.

5. Das -p- fest zwischen Zähnen und Lippen durchpressen, bis ein -f dabei rauskommt.

6. Das -ə am Wortende ist inzwischen nur noch ein totes Ende der Sprachevolution, ein Blinddarm, den man vorsichtig abschneiden kann. Achtung! Dadurch rutscht der Wortakzent auf die erste Silbe.

7. Kurz warten, bis auch das zweite -a- ver-schwa-t ist, und es dann ebenfalls rausschneiden.

Zum Schluss noch ein bisschen orthographische Kosmetik – und schon ist aus ›kannabis‹ ›Hanf‹ geworden!

Der Vokabel-Defibrilator

Alles, was lebt, muss sterben. Ebenso wie die Menschen, die sie benutzen, scheiden auch Wörter irgendwann aus dem aktiven Wortschatz aus und gehen in den Ruhestand. Dabei scheint es erst gestern gewesen zu sein, dass sie als Teil eines Jugendjargons rotzfrech und laut um die Häuser gezogen sind und Herzen in Brand gesteckt haben. Auf einmal ist ihre Zeit vorbei. Vielleicht bleiben ihnen noch ein paar Jahre, vielleicht besucht sie ab und zu jemand und spricht sie noch einmal aus, bevor sie eines Tages endgültig verstummen – ohne dass es jemand bemerkt. Das Sterben der Worte ist Schweigen. Alles, was von ihnen bleibt, sind Erinnerungen und ein paar Abdrucke in alten, vergilbten Büchern …

Traurig, nicht? Aber auch das ist Teil des natürlichen Sprachwandels. Wörter kommen und gehen. Die einen geraten in Vergessenheit, weil die Dinge, die sie bezeichnen, von der Bildfläche verschwinden – zum Beispiel ›Schreibmaschine‹, ›Wählscheibe‹ oder ›Spritzenhaus‹. (Für die, die Letzteres schon nicht mehr kennen: Ein Spritzenhaus ist eine Feuerwehrstation und keine Drogenklinik!)

Andere Begriffe werden durch junge, aufstrebende Ausdrücke ersetzt, die cooler und hipper sind. Womöglich ist das der einzig berechtigte Vorwurf, den man Anglizismen machen kann (siehe *Zweiter Reiter: Anglizismen*, S. 40): dass sie andere Wörter mitunter zu früh aus dem Beruf drängen. Ausdrücke, die noch gar nicht ausgedient haben, werden ~~vergrault~~ rausgemobbt, ehrgeizige ~~Modewörter~~ Buzzwords auf ihre Stellen ~~gesetzt~~ gecastet. Was gestern noch ›stark‹ war, heißt heute ›hot‹, weil ›stark‹ inzwischen ›retro‹ und ›retro‹ ›hot‹ ist.

Aufhalten kann man diesen Prozess nicht. Doch man kann

sich einsetzen für gefährdete Wörter, für vom Aussterben bedrohte Vokabeln. Man kann dafür sorgen, dass die Syntax-Senioren einen würdigen Lebensabend verbringen. Dazu gehört, dass man sich ein bisschen um sie kümmert, dass man an sie denkt und sie hin und wieder benutzt. Es gibt keinen Grund, altmodische Ausdrücke zu meiden – die Bevölkerung mag überaltern, aber der Sprache droht noch lange kein orthographischer Wandel!

Man braucht nicht viel, um betagte Wörter am Leben zu erhalten – bloß ein paar antiquarische Bücher oder ein Paar Urgroßeltern. Grammatische Greise sind eine Bereicherung für die Sprache und sorgen bei nichts ahnenden Gesprächspartnern für erquickliche Wirrsal (na, wer von Euch kannte *das* Wort noch?). Darum seid ruhig mal absichtlich unzeitgeistgemäß:

›Lustwandelt‹ lieber als zu ›cruisen‹,
Sagt statt ›Hood‹ ›Gefilde‹,
Küsst statt ›Bitches‹ lieber ›Musen‹,
Seid statt ›hip‹ ›im Bilde‹!

Macht es wie der *Slam*-Poet Florian Cieslik, wenn er in seinem Text *Letzte Worte II* bei McDonald's bestellt:

»Es gelüstet mich nach einem Menü! Ein Menü, das die Welt nie sah. Mit sechs kleinen, aber feinen, mundgerecht portionierten, frittierten und panierten Hähnchenklumpen! Dazu dünket mir, würden gebackene Kartoffeln und ein Kaltgetränk diese meine Speise hübsch veredeln!«

Mein Tipp:

Wer sich für gefährdete Wörter engagieren möchte, dem empfehle ich Das große Lexikon der bedrohten Wörter *von Bodo Mrozek, erschienen im Rowohlt Verlag. Besonders wirkungsvoll ist es, altertümliche und neumodische Wendungen miteinander zu mischen, etwa um …*

… nach der Uhrzeit zu fragen: »Gütigste! Seid Ihr up to date, was die Stunde geschlagen hat?«

… eine Fahrkarte zu kaufen: »Gott zum Gruße, Digger! Welchen Obolus muss ich für 'n Ticket berappen?«

… zu flirten: »Was geht, holde Schnecke? Ich bin Hagestolz, doch steht mir der Sinn nach einem Date!«

So verwandelt sich Euer Sprachgebrauch in eine Begegnungsstätte für Alt und Jung, in eine Art verbales Generationenhaus! Helft altersschwachen Wörtern – werdet Sprachzivis!

Kapitel 4
Vorsicht: beherzte Verse!

Erst, wenn die letzte Metapher zerdeutet, die letzte Silbe zersetzt und das letzte Versmaß zermessen ist, werdet Ihr merken, dass man Gedichte nicht analysieren kann.

Julian Heun

Sprache ist ein Kommunikationsinstrument, eine kabellose Datenleitung, um Gedanken, Gefühle, Meinungen und Ideen aus dem Kopf eines Menschen in den eines anderen zu übertragen. Wort-LAN, sozusagen. Blatooth. Daneben gibt es noch den künstlerischen Modus des Sprachgebrauchs, der – jedenfalls nach meinem Wissen – in allen menschlichen Kulturen existiert und die Sprachzentren zum Glühen bringt: die Dichtung! Bei vielen Menschen genießt sie leider keinen guten Ruf. Das liegt hauptsächlich daran, dass ihnen ein falscher Umgang mit dem gereimten Wort beigebracht wird. Statt sich an Gedichten zu erfreuen, gehen sie hin und zerlegen sie, um das Geheimnis ihrer Wirkung zu ergründen – wie Kinder, die ihre Teddybären zerschneiden, um herauszufinden, warum die so knuddelig sind. Schauen wir uns an, wie es zu so einem Missverständnis kommen kann …

Inhalt:
Die Spinnen des LiteratUrwalds – Zombie-Gedichte – Kant und die Currywurst – Das lyrische Genusstsein – Lebendige Lyrik beim Poetry Slam – Sich duellierende Dichter – Ein furchtbares Begriffskuddelmuddel – Vom Versdichter zum Verdichter – Kürzeldichtung oder: die PoeSims

Reden wir mal kurz über Spinnen.

Garstige kleine Viecher, die viel zu viele, viel zu spindeldürre Beine haben, auf denen sie viel zu schnell krabbeln können und jeden Winkel mit ihren klebrigen Fäden zukleistern. Ich muss es wissen, ich habe eine Spinnenphobie. Doch genau das ist das Problem: Ich bin voreingenommen. Wenn man es sich genau überlegt, sind Spinnen eigentlich wunderschön: zierliche Geschöpfe, Wunderwerke der Natur mit ihren acht Beinen, die sie irgendwie koordiniert bekommen, um Kunstwerke zu knüpfen, die in der Natur ihresgleichen suchen. Und nützlich sind sie auch noch, denn ohne Spinnen müssten wir unsere Atmung auf Insekten umstellen. Trotzdem machen viele Menschen auf dem Absatz kehrt, wenn sie eine Spinne sehen, und meist klebt sie dann schon darunter.

Der Lyrik ergeht es ganz ähnlich. Gedichte sind die Spinnen in der Tierwelt der literarischen Gattungen: grazile Konstruktionen der Sprache, Wortwunderwerke – im anmutigen Tanz der Gedanken über rote Fäden zu vielsilbigen Versen verknüpfte Sinnweben. Wenn ich allerdings erzähle, dass ein großer Teil meines Bühnenprogramms aus Gedichten besteht, ernte ich Blicke, die irgendwo zwischen Skepsis, Abneigung, Unverständnis und Mitleid liegen. Vielen läuft es bei dem bloßen Wort ›Gedicht‹ eiskalt den Rücken hinunter. Nackenhaare stellen sich auf, Erinnerungen werden wach an quälende Auswendiglernerei, an peinliches Verseaufsagen im Hagel spuckefeuchter Papierkügelchen, an end- und ergebnislose Sezierarbeiten an den Versmaßkadavern längst verendeter Epen. So mancher entwickelt in der Schule eine regelrechte Lyrophobie vor öden Oden und gar nicht so netten Sonetten von Shakespider oder Walther von der Vogelspinne.

Lyrik gilt als altmodisch und verstaubt, dabei kann sie doch gar nichts dafür! Gedichte sind die eigentlichen Opfer. Sie sind die Orks, die Kobolde, die einst Elben waren, bezaubernde Gestalten von unsterblicher Schönheit, ehe der Dark Lord Deutschlehrer sie in seine Dienste genommen und verdorben hat. Nun humpeln sie wie Kriegsversehrte auf abgestumpften Satzgliedern durch die Korridore unserer Gehirnwindungen. Hinter den finsteren Türen der Sprachlabore, wo das markerschütternde Kreischen der Kreide ertönt, hat man sie auf schwere Tafeln gebannt und bei lebendigem Leibe auseinandergenommen, Strophe für Strophe, Wort für Wort. Übriggeblieben sind nur noch einzelne Fetzen, von der Erinnerung zusammengeflickt zu grotesken Wiedergängern:

Bedecke deinen Himmel, Zeus,
Als ob es tausend Stäbe gäbe,
Festgemauert in der Erden –
Walle, walle, manche Strecke,
Warte nur, balde ruhest du auch,
Himmelhoch jauchzend, zu Tode betrübt …

Ich bin sicher, dass es Deutschlehrer gibt, die selbst dieser Zombielyrik einen tieferen Sinn abinterpretieren können. Sinn ist das, was du draus machst. Was in den Unterrichtssälen passiert, ist wenig human für die Schüler und ebenso wenig für die Gedichte. Es gibt unzählige Organisationen gegen Tierversuche – warum nicht auch gegen Gedichtanalysen? Wo ist der Literaturschutzbund, wo der Word Wide Fund, wo Greenpoesie?

Ich will gar nicht auf Lehrern und ihren Unterrichtskonzepten herumtrampeln wie der Neurotiker auf der Spinne. Okay, eigentlich mache ich das ja schon – höchste Zeit also, sie auch ein wenig in Schutz zu nehmen. Gedichtanalyse ist nicht von Natur aus böse. Dass wir sie als quälend und langweilig empfinden, liegt zum einen daran, dass man sie uns aufzwingt, zum anderen daran, dass nicht jede Form von Lyrik jedem gleich gut gefällt. Die Geschmäcker sind verschieden – der eine mag seine Verse lieblich, der andere schätzt trockenen Humor. Sich davon aber die Freude an dichterischer Sprache komplett vermiesen zu lassen ist nicht Sinn der Sache. Gedichte sind geschaffen, damit man sich an ihnen erfreut! Man muss ihnen bloß die Chance dazu geben. Probieren geht über Analysieren. Was wir brauchen, ist ein spielerischerer Umgang mit der Dichtung, ein unverkrampftes Miteinander von Mensch und Poesie!

Vom Schönen und Geilen

Dummerweise scheint in unserer Welt eine Regel zu gelten: Je mehr eine Sache kultiviert wird, desto mehr weicht der Genuss aus ihr. Das hat bestimmt der alte Kant verbockt. Der hat nämlich bei seiner Ästhetik-Theorie *Sinnenurteil* und *Geschmacksurteil* getrennt. Das *Sinnenurteil* ist ein Genussurteil, das man im wahrsten Sinne des Wortes aus dem Bauch heraus fällt. Zum Beispiel sagt man über eine Frau: »Wow, ist die schön!«, aber in Wirklichkeit meint man: »Wow, ist die geil!« – man empfindet ihren Anblick als *sinnlich angenehm*. Das ist etwas ganz anderes als schön im kantischen Sinne. Kant war eben nicht so der sinnliche Typ.

Schönheit beurteilen und ein reines *Geschmacksurteil* fällen kann nach Kant nur, wer einen gewissen ästhetischen Sachverstand besitzt. Mit seiner Hilfe kann man die Schönheit einer Frau auch unabhängig von ihrer sinnlichen Wirkung beurteilen. Umgekehrt funktioniert das genauso: Eine Spinne kann einem durchaus ästhetisch erscheinen, obwohl das spontane Bauchurteil eher Richtung »Igitt!« tendiert.

Leider haftet dem *Sinnenurteil* bei Kant immer etwas Primitives, Ungebildetes an. Das hat dazu beigetragen, dass Ästhetik heute mehr oder weniger eine Angelegenheit der gebildeten Elite ist. Sagt jedenfalls die (ein-)gebildete Elite. Der Feinschmecker im Gourmetrestaurant glaubt besser zu wissen, was gut ist, bloß weil die Currywurst hier nicht Currywurst heißt, sondern *Saucisson an Kurkuma-Tomaten-Confiture*. Schon die Bezeichnung ›Feinschmecker‹ ist überheblich – als wären alle anderen ›Grobschmecker‹! Dabei weiß der einfache Mann an der Imbissbude die Ess-thetik der Currywurst genauso zu schätzen – selbst wenn er nicht gleich das *Curry Eleison* runterbetet!

Auf dieselbe Art und Weise kann man auch beim Lesen oder Hören eines Gedichts in verzücktes Gefasel vom seraphischen Ton, der onomatopoetischen Wortwahl und der hermeneutischen Vieldeutigkeit ausbrechen – oder es ganz einfach genießen. Nichts gegen eine gründliche Interpretation; man muss auch zwischen den Zeilen lesen können. Doch wenn man das, was in den Zeilen steht, dabei vernachlässigt, ist das gegenüber dem Dichter nicht besonders schmeichelhaft. Eine Frau mag es schließlich auch, wenn man ihr Komplimente macht (obwohl sie es immer nicht zugibt). Sie möchte gern etwas hören wie: »Du siehst in dem Kleid wirklich bezaubernd aus!« Was sie *nicht* hören möchte, ist: »Dein Kleid verrät, dass du gern im Mittelpunkt stehst.« So auch beim Gedicht: Da hat sich die Sprache extra für Dich rausgeputzt, und Du Klotz bemerkst es noch nicht mal!

Ehe man Lyrik dem Kopf zum Fraß vorwirft, sollte der Bauch sein Stück abbekommen, sonst droht das Sinnliche, das Poetische unter den Tisch zu fallen. Gedichte muss man genüsslich auf der Zunge zergehen lassen, probieren, wie ihre Sprache ›schmeckt‹. Genießen bedeutet ja nicht, dass man alles wahllos in sich hineinschlingt. Im Gegenteil, wahrer Genuss geschieht immer bewusst. Die eigentliche Kunst besteht darin, weder dem Kopf noch dem Bauch Vorrang zu geben und stattdessen ein ausbalanciertes Genuss-Bewusstsein zu entwickeln – eine Art *Genusstsein*.

Ich glaube sogar, dass es irgendwo im menschlichen Körper ein Sinnesorgan für Gedichte gibt: einen Teil des Sprachzentrums oder ein eigenständiges Organ, eine Art Vers-Nase, durch die jedes Wort, jeder Reim wandert, um von feinen Flimmerhärchen verkostet zu werden. Sprache ist etwas ungeheuer Sinnliches, besonders in gedichteter Form. Darum sagt man bei wohlschmeckenden Speisen auch: »Hmm, das war ein *Gedicht …*«

Lyrik ist die schöne Frau, die auf dein Kompliment hofft, die perfekt abgeschmeckte Soße der Currywurst, der edle Tropfen, der dazu gereicht wird. Deshalb muss man noch lange nicht ins nächste Weinseminar rennen, bevor man sich trauen darf, die Flasche zu entkorken. Mut zum *Sinnenurteil*! Schon allein deshalb, um das Gesicht des Deutschlehrers zu sehen, wenn Ihr auf die Frage »Was will uns der Dichter damit sagen?« antwortet:

Ja, tatsächlich: Man muss kein Fachmann sein und auch kein Kenner, um Gedichte genießen und poetische Sprache wertschätzen zu können. Oder zu dürfen. Und ich werde nicht aufhören, das zu schreiben – selbst wenn mir ein radikalfeuilletonistisches Kampfliteraten-Kommando die Finger bricht!

Als ich etwa acht Jahre alt war, hatte sich meine Tante in den Kopf gesetzt, mir meine Spinnenphobie abzutrainieren. Das machte sie, indem sie mir Spinnen unter dem Mikroskop zeigte, streng wissenschaftlich nach dem Motto: Heilung durch Erkenntnis! Nun gehörte es zum Prinzip meiner Phobie, dass ich Gänsehautattacken erlitt und schreiend weglief, wenn ich eine Spinne auch nur von weitem sah. Sie überlebensgroß und überdies *direkt vor meiner Nase* serviert zu bekommen gehörte nicht zu meiner Vorstellung von einem sanften therapeutischen Konzept. Man hätte genauso gut einen Höhenkranken über einen gähnenden Abgrund hängen können, in der Hoffnung, er möge erkennen, dass die Höhe ja gar nicht so böse sei und selbst viel mehr Angst vor *ihm* habe. So gelang mir der Durchbruch gegen die Phobie erst Jahre später, als ich – wohlgemerkt nach zahllosen vergeblichen Anläufen – eine Spinne in die Hand nahm. Plötzlich konnte ich spüren, was kein Mikroskop zu zeigen vermochte: dass es sich um ein kleines, zerbrechliches, vor allem aber lebendes Wesen handelte. Hach, wie süß!

Was ich damit sagen will? Ganz einfach. Die Liebe zur Sprache, den Spaß an Gedichten entdeckt man nicht unter den Mikroskopen der Sprachlabore. Eine Lyrophobie überwindet man am einfachsten durch die Erfahrung, dass auch Gedichte auf eine gewisse Weise Leben besitzen. Doch es ist wie mit Polizisten und dem Vertrauen in die Fahrtüchtigkeit: Man muss es ihnen erst einhauchen.

Dabei ist die Darreichungsform entscheidend. Und die Form, in der Gedichte für gewöhnlich dargereicht werden – ob im Schulunterricht, bei Lesungen oder in Lyrikbändchen –, ist vor allem eins: entsetzlich trocken. Es gibt kaum etwas, das trockener ist – selbst bei einer feuchten Aussprache. Zwischen den Seiten der Lehrbücher kleben die Gedichte wie gepresste Spinnen auf der Unterlegscheibe eines Mikroskops, wie aufgespießte Schmetterlinge in der Glasvitrine eines Naturkundemuseums. Irgendwie schön, ja – aber leblos und vertrocknet. In einer mit Sahara-Sand gefüllten Badewanne auf einem Mundvoll Mehl herumzukauen ist eine Erfrischung dagegen.

Gedichte wollen lebendig genossen werden, wollen er*lebt* werden – mit so vielen Sinnen wie möglich! Wer Tiere sehen will, geht schließlich auch in den Tierpark, nicht in einen Schlachthof. Doch wo findet man heutzutage lebendige Lyrik? Am ehesten in freier Wildbahn, wo die Gedichte frei und ungezügelt herumtollen können.

Wo keine Geschmacksurteile fällende Einbildungselite in der gesellschaftlichen Zwangsjacke Messen für den Heiligen Ernst abhält und dabei bloß sich selbst abhält – nämlich vom Genuss. Wo es erlaubt ist, sich von den Worten an der Hand nehmen zu lassen und aus sich herauszugehen. Kurz gesagt: auf der Bühne, zum Beispiel bei einem *Poetry Slam* …

▮ Liest du noch oder slammst du schon?

Auch ich musste mich in meiner Schulzeit durch endlose Versmassaker quälen, doch ich hatte großes Glück mit meinem

Deutschlehrer. Zwar gehörte auch er zur analytischen Fraktion der Poesezierer. Aber er war nicht nur Pauker, sondern spielte auf sämtlichen Instrumenten des pädagogischen Augen- und Ohrchesters. Wenn seine Leidenschaft mit ihm durchging, konnte es passieren, dass er vor der versammelten Klasse auf seinen Schreibtisch stieg, um als lebende Statue das Schönheitsideal der Weimarer Klassik darzustellen. Definitiv ein »O Captn, mein Captn«-Moment! Im Grunde war er ein verkappter *Poetry Slammer*, denn er konnte zeigen, dass Literatur mehr ist als das, was man liest. Doch um das zu verstehen, muss man erst mal wissen, was *Poetry Slam* ist …

1986 kam ein Mann in Chicago auf die Idee, in einem Café Gedichte vorlesen zu lassen. Die Menschen, die damals Gedichte vorlasen, machten das in der Regel so: Sie saßen auf der Bühne an einem Tisch mit weißem Deckchen und Rotweinglas, stützten das Kinn in die Hand und murmelten zwei Stunden lang in dieselbe. Manchmal nickten sie dabei ein. Das fiel aber niemandem auf, denn die Menschen, die kamen, um die vorgelesenen Gedichte zu hören, schliefen meist auch. Trotzdem fanden sie die ganze Sache unheimlich intellektuell – und sich selbst noch viel mehr.

Der Mann aus Chicago fand das nicht. Er wollte etwas Lebendigeres. Also nahm er den Menschen, die die Gedichte vorlasen, zuerst den Tisch und den Stuhl weg, damit sie nicht einnicken konnten, sondern stehen und sich bewegen mussten. Plötzlich gab es etwas zu sehen. Und damit auch die Menschen, die kamen, um die vorgetragenen Gedichte anzuschauen, nicht einschliefen, ließ der Mann aus Chicago die Gedichte um die Wette vorlesen. Der Name des Mannes war Marc-Kelly Smith. Und die Veranstaltungsform, die er erfunden hatte, nannte er Poetry Slam.

So ein Dichterwettkampf funktioniert ein wenig wie eine Casting-Show – allerdings ohne selbstverliebten, lederhäutigen Pöbelpop-Produzenten, der Talente zum Verschleißen sucht. Das Publikum ist die Jury, und wer gewinnt, bestimmen allein die Zuschauer. Natürlich dürfen dabei nicht nur Gedichte vorgetragen werden, sondern auch Kurzgeschichten, Stand-up-Nummern, Aphorismen, Raps und vieles mehr. Grundsätzlich ist alles erlaubt, was mit Text, Stimme und Körper auf der Bühne machbar ist. Und so wird beim *Poetry Slam* nicht bloß vorgelesen, sondern gezappelt, getanzt, gespielt und gestikuliert mit vollem Stimm- und Körpereinsatz. Ein wenig wie Eurythmie auf Tourette-Syndrom.

Diese Kombination aus Text und Performance ist es, die den Text zum Leben erweckt. Bei der herkömmlichen Dichterlesung schlüpft der Text vom Papier in ein anderes Medium, die gesprochene Sprache, er wird sozusagen zweidimensional. Die Bühne erweitert dieses zweidimensionale Koordinatensystem um eine dritte Dimension: den Körper. Er verleiht dem Gebilde aus Text und gesprochener Sprache zusätzlich Tiefe. Darum ist *Poetry Slam* Poesie in Full HD 3D – mit Spezialeffekten. Und man selbst ist Autor, Regisseur und Darsteller in einem, um seinen Film in die Herzen und Köpfe der Zuschauer zu projizieren. Den Körper nicht zu nutzen und seinen Text im Sitzen abzulesen, das ist so, als würde man ein Zimmer einrichten, indem man die Möbel an die Wand malt.

Häufig werde ich nach Auftritten gefragt: »Schuldigung, kann man das vielleicht irgendwo nachlesen?« Komischerweise hat noch nie jemand gefragt, ob er nur die Performance noch einmal sehen darf – ohne Text. Das kommt daher, dass der Text für gewöhnlich als dominant angesehen wird. In unserer Welt ist es nun mal die Regel, dass man Lyrik lesend konsumiert. Dabei war es jahrtausendelang völlig normal, Geschichten, Erzählungen und Mythen mündlich weiterzugeben. Erst die (westliche) Zivilisation hat aus dem Text ein Kultobjekt gemacht und das Konzept einer unumstößlichen, ›autorisierten‹ Fassung entwickelt. Darum auch die ewige Frage danach, »was uns der Autor damit sagen will?«

Bei Bühnenlyrik oder *Slam Poetry*, wie diese Gattung auch genannt wird, besteht das Gesamtwerk aus Text *und* Vortrag. Das ist keine Literatur mehr, sondern Performatur. Genaugenommen existiert sie nur in dem Moment, in dem sie auf der Bühne dargeboten wird. Sie ist vergänglich und erwacht mit jeder Aufführung zum Leben – immer ein wenig anders. Gleicht der gedruckte Text einer monotheistischen Literaturgie, dann ist *Slam Poetry* eine buddhistische Marionette, die wiedergeboren wird, wann immer jemand auf der Bühne ihre roten Fäden zieht.

Selbstverständlich lassen sich viele *Slam*-Texte auch in gedruckter Form lesen. (Jedenfalls hoffe ich das, sonst hat dieses Buch ein ernsthaftes Problem.) Dennoch ist der geschriebene Anteil nicht mehr als ein Libretto, ein Drehbuch ohne Leinwand. Wer sich das Skript eines Blockbusters durchliest, kann auch nicht über die Actionszenen fachsimpeln.

Noch immer verbringen viele Worte ihre gesamte Existenz unaufgeführt statt uraufgeführt zwischen zwei Buchdeckeln in stabiler Seitenlage. Frei entfalten können sie sich erst, wenn sie aus der Knechtschaft des Textes geführt werden. Wer ihnen Leben geben will, muss ihnen bloß aufhelfen von der Seite, auf die sie gefallen sind. *When language was in reader's hand – Let my poetry go …*

Das Dichterduell

Zwei Dichter, jeder ein Meister in seinem Fach,
Zornig ob des, was der andre zum einen sprach,
Wollten, bevor man einander die Beine brach,
Sich duellieren, zu klär'n ihren kleinen Krach.

Trafen sich nachts, von Nebeln umwabert
Beim Dichterstreit wird, statt zu säbeln, gelabert –
So steh'n sie nun da, ihre Worte zu wählen,
Zehn Schritte zu tun und laut vorzuzählen …

Der Ältere zückt seine spitze Zunge,
Schärft ihre Klänge mit Witz, und der Junge
Lädt seine Sprüchekanone – bei Acht
Fahr'n beide herum und beginnen die Schlacht!

Jeder versucht, mit Verbalattacken
Wild auf dem andern herumzuhacken,
Man schmeißt mit Stichworten um sich, drischt Phrasen,
Gesprächsfetzen fliegen und landen im Rasen …

Dann scheint der Schlagabtausch auch schon vorbei,
Doch stumm umrunden sich weiter die zwei
In enger werdenden Themenkreisen,
Nur ab und zu stichelnd mit Querverweisen.

Der Alte holt jäh aus zum Zungenschlag –
Mit Gegendarstellungen wehrt ihn der Junge ab,
Täuscht dann kurz an mit Scheinargumenten
Und trifft seinen Gegner gezielt mit Pointen.

Der nutzt des anderen Bildungslücken,
Um ihm 'nen ätzenden Spruch reinzudrücken:
'Nen linken Slogan und dann noch 'nen rechten,
So sehr der sich müht, alles anzufechten.

Doch weil er nichts richtig begründen kann,
Macht er den Gegner von hinten an,
Der geschickt seines Angreifers Fragen vermeidet,
Per Seitenhieb flink ihm das Wort abschneidet.

145

Da hebt der Junge sein Sprachrohr, er legt an
Zielt auf den Alten, der nicht aus dem Weg kann,
Und feuert ihm Salven von Silben entgegen,
Dass ringsherum leere Worthülsen regnen!

Der Alte stürzt auf den Feind mit Geschrei zu,
Nimmt Stellung und kontert japanisch mit »Haiii-Ku!«
Fünf Schläge, dann sieben, dann noch mal fünf Stück,
Der Rivale, er stottert, nimmt alles zurück

Bis er, auf allen Vierzeilern kriechend vor Schmerzen,
Malträtiert von des Alten Versen,
Der lautstark gewaltige Reden schwingt,
Persönlich getroffen zu Boden sinkt.

Siegesgewiss bringt der Kontrahent
Das vernichtende Totschlagargument,
Da beschert ihm das Opfer mit letztem Spruch
Am Versfuß einen ironischen Bruch!

So sieht man die Dichter, ohne zu siegen,
Mundtot im eigenen Herzblut liegen …
Und etwas abseits liegt hinter der Mauer
Des Schweigens ein kleines Gerücht auf der Lauer.

Das geht nun in Umlauf nach uralter Sitte:
Wenn zweie sich streiten, verkündet 's der Dritte,
Damit es ein jeder auch nimmer vergisst:
Dass Reden nicht immer die friedlichste Lösung ist …

Ihr habt es wahrscheinlich schon gemerkt: Was Gedichte betrifft, gibt es im Deutschen ein ziemliches Begriffskuddelmuddel. Einmal ist von *Lyrik* die Rede, ein andermal von *Dichtung*, dann wieder von *Poesie*. So etwas passiert häufig bei Themen, mit denen sich die Menschen eigentlich gar nicht auseinandersetzen wollen – darum gibt es zum Beispiel auch so viele verschiedene Namen für Beziehungszustände (siehe *Was is 'n das jetzt mit uns beiden?*, S. 106). So auch hier: In welche Schublade gehört das Gedicht denn nun – und warum hat man überhaupt so viele Schubladen aufgerissen?!

Das Wort *Poesie* kommt aus dem Griechischen und wurde von Aristoteles als Überbegriff für die drei Textgattungen *Dramatik*, *Epik* und *Lyrik* gebraucht. Obwohl *Poesie* ursprünglich also ein Überbegriff der *Lyrik* war, entwickelte er sich mit der Zeit zu einem gleichwertigen Synonym. Als wäre das nicht verwirrend genug, brachte man noch einen dritten Begriff ins Spiel: den der *Dichtung*, der ebenfalls als Synonym für *Lyrik* gebraucht wird, den Schwerpunkt aber auf den handwerklichtechnischen Aspekt verlagert. Das englische Wort *poetry* seinerseits entspricht nicht dem deutschen *Poesie*, sondern vielmehr dem Begriff *Lyrik*. Wer hingegen im Englischen von *lyrics* spricht, meint keine Gedichte, sondern Liedtexte – Gedichte heißen *poems*.

Alles klar?

Man kann sich das Ganze wie eine Firma vorstellen, nennen wir sie mal die Text-Tech GmbH, in der der Chef auf einmal den Posten eines Abteilungsleiters an sich reißt. Daraufhin wird ein stellvertretender Abteilungsleiter eingesetzt, der aber nur für die technischen Abläufe zuständig ist. Der Abteilungsleiter des englischen Geschäftzweigs heißt genauso wie der Chef der deutschen Firma, während ein anderer englischer Kollege den Namen des deutschen Abteilungsleiters trägt, obwohl er bloß Hausmeister ist. Irgendwann weiß niemand mehr, wer eigentlich für was verantwortlich ist, und die Angestellten begrüßen den Hausmeister mit »Morgen, Chef!« und den Chef mit: »Bringen Sie bitte endlich mal die Lüftung in Ordnung!«

Deutlich wird die Veränderung des Begriffs Poesie auch an Poesiealben. Früher waren das kleine Büchlein, die man seinen Freunden gab, damit sie einem ein Gedicht oder einen Aphorismus hineinschrieben. Die steckbriefartigen Datensammelalben und Analogfacebooks von heute haben damit nicht mehr viel zu tun und machen um Gedichte in der Regel einen großen Frage-Bogen.

Noch komplizierter wird die Sache dadurch, dass das Wort Poesie eine weitere Bedeutung hat. Es muss nicht nur als Gattungsname herhalten, sondern beschreibt auch eine bestimmte Wirkung oder Qualität. Oder, um im Bild unserer Firma zu bleiben, der Chef ist nebenbei selbständig tätig im Bereich Qualitätsmanagement. So richtig klar ist diese Zweittätigkeit allerdings nicht. Sicher habt Ihr eine ungefähre Ahnung davon, was gemeint ist, wenn jemand ein Erlebnis, einen Gedanken oder Ausdruck als poetisch bezeichnet. Trotzdem bleibt die Bedeutung ziemlich nebulös – aber das ist bei diesem Begriffsverhältnissen ja auch kein Wunder!

Was Poesie ist, haben schon viele Leute zu definieren versucht und sind dabei schnell unpoetisch geworden. Bevor wir also mit diesem Laden an die Börse gehen, sollten wir erst mal

Gewerbeaufsicht spielen und aufräumen. Hier mein Maßnahmenkatalog:

1) Der Chef wird gefeuert. Den Begriff *Poesie* gebrauche ich ab sofort nicht mehr als Gattungsnamen, sondern nur noch in seiner zweiten Bedeutung, um eine Art von Sprachgebrauch zu beschreiben. In diesem Sinne muss nicht jede Form von *Poesie* gedichtet sein, aber auch nicht jede *Dichtung* ist zwangsläufig poetisch.
2) Die Abteilung *Lyrik* wird umgebaut und erhält die *Dichtung* als neue Unterabteilung. In die Letztere fällt alles, was der klassischen Gedichtform entspricht, also gereimt und in Versen abgefasst ist. Der Rest, also moderne Gedichte, die gern darauf verzichten, kann sich von mir aus *Lyrik* nennen, aber nicht *Dichtung*.
3) Der Hausmeister darf bleiben.

▉ Dicht – Dichter – Gedicht

Natürlich hat der Begriff ›dichten‹ nichts mit sanitären Anlagen zu tun, obwohl es durchaus Beispiele für Dichtung gibt, die in einer sanitären Anlage am besten aufgehoben wären. Weil wir uns das nötige Handwerkzeug bereits zurechtgelegt haben, können wir direkt nachforschen – und siehe da: Das mittelhochdeutsche ›tihten‹, welches so viel hieß wie »schaffen, ersinnen, anordnen«, entstand per Lautverschiebung (siehe *Feng Shui für die Sprache*, S. 122) aus dem lateinischen Verb ›dictare‹ für »diktieren, abfassen«. Wenn wir also in der Grundschule unser erstes Diktat schreiben, verfassen wir im strengen Wortsinn unser erstes ›Gedicht‹.

Ätsch.

Leider ist das ein ziemlich nüchterner Zusammenhang. Ich persönlich stelle mir lieber vor, dass das Dichten mit dem Verdichten zusammenhängt, denn das beschreibt am besten, was man dabei macht: Man verdichtet Sprache. In wenigen Worten versucht man so viel wie möglich zu sagen. Man gibt der Sprache einen Rhythmus, einen Fluss und womöglich noch andere Dinge, die auf -us enden. Der *Vers*dichter ist stets auch ein *Ver*dichter, ein Literaturkompressor. Sprachgeschichtlich betrachtet ist das zwar nicht ganz korrekt, dafür aber umso poetischer. Der Dichter würde sagen: Form beugt Inhalt. Zu einem Gedicht verdichtet wäre dieser Absatz übrigens um einiges kompakter:

Auch wenn 's der Bericht der Geschichte bestreitet,
So deucht mich, dass dichten »verdichten« bedeutet,
Da Dichter durch Deuten der Sprache Geschichten
Zu deutlichen, dichten Gedichten verdichten.
Und droht, dass ein Dichter 's nicht richtig verrichtet,
Dann spricht er: »Jetzt hab ich mich wirklich verdichtet!«

Diese Sprachverdichtung ist jedoch nicht zu verwechseln mit dem, was beim Stenographieren oder beim Schreiben einer SMS passiert. Bei der SMS hat man für seine Botschaft nur 160 Zeichen – oder reiche Eltern, die die Handyrechnung zahlen. Häufig verwendete Sätze werden darum oft bis zur Unkenntlichkeit abgekürzt und zusammengeknautscht zu

GEDICHT
Jetzt mit
40 % mehr
Inhalt!

Schriftzeichenkonglomeraten, die anmuten wie kleine, klebrige Klümpchen am Grunde einer Buchstabensuppe. Daraus sind mit der Zeit feste Kürzel entstanden wie *hdl* (»hab dich lieb«), *omg* (»o mein Gott«), *lol* (»laughing out loud«) oder *rotfl* (»rolling on the floor laughing«). Erst haben sie sich im Handy-Jargon eingebürgert, dann Einzug gehalten in die »WG:s« der E-Mail-Betreffzeilen, und neuerdings besetzen sie auch die Gedankengebäude der Alltagssprache. Und weil sie so schön kompakt sind, werden sie in jede SMS hineingestopft. Doch die bloße Tatsache, dass etwas Platz hat, heißt noch lange nicht, dass es auch inhaltlich passt. Dementsprechend bestehen viele Kurznachrichten fast nur noch aus sinnentleerten Hülsen, die für jeden kleinsten Pups hin- und hergeschickt werden. Kein Wunder: Hülsenfrüchte produzieren ja auch Abgase.

Formal betrachtet sind Gedicht und SMS also zu einem gewissen Grad austauschbar: Beide haben ein Platzproblem, beide bieten nur ein begrenzte Zahl von Silben, um eine Aussage zu formulieren. Spinnt man diesen Gedanken weiter, müssten sie sich eigentlich ideal kombinieren lassen. Tatsächlich gibt es schon seit einer ganzen Weile Wettbewerbe für SMS-Dichtung. Dabei geht es um Kürzestgedichte, die in nur 160 Zeichen einen Gedanken poetisch formulieren. Eine Art Handy-Haiku.

Allerdings geht diese Form noch nicht weit genug, wenn man das Verdichtungspotential beider Textsorten optimal nutzen will. Aus diesem Grund habe ich die *Kürzeldichtung* entwickelt, die SMS in Reimform (oder das Kurzgedicht in SMS-Form, je nachdem …) – die *PoeSims*. Dabei werden häufig vorkommende Wendungen der poetischen Sprache abgekürzt: Anrufungsformeln wie »wenn ich in deine Augen seh« werden ersetzt durch *wiidas*, »erhöre mein Flehen« durch *emf*, Vergleiche werden eingeleitet mit *dbw* (»du bist wie …«), Metaphern mit *om* (»O mein/e …«) oder *odm* (»O du mein/e …«). Auf die Art lassen sich auch bekannte literarische Zitate spielend unterbringen, ohne dass man viel Platz verliert – beispielsweise *hjztb* (»himmelhoch jauchzend, zu Tode betrübt«), *iwnwseb* (»ich weiß nicht, was soll es bedeuten«) oder *ubdnw* (»und bist du nicht willig«). Beispiel gefällig?

Tada! – hier kommt sie schon, die *PoeSims*:

> *om geliebte, wie hab ich dich gern,*
> *ich möchte dich :– *3*
> *Doch iwnwseb, o ich Trottel,*
> *wiidas, wirst du ganz rot … fl.*
> *Ich hd so l, ubdnw,*
> *wnb bin ich hjztb!*

---

3   Sprich: Doppelpunkt, Bindestrich, Stern.

Philipp Scharris PoeSims

Und so geht's:

Kürzeldichtung *bedeutet, dass man den Text doppelt verdichtet:
einmal sprachlich, also durch Reime, Versmaß und Bilder,
zum anderen räumlich, indem man Abkürzungen ver-
wendet und sein Werk auf 160 Zeichen begrenzt. Es
handelt sich gewissermaßen um das literarische
Äquivalent von zweimal gefiltertem Espresso.
Oder doppelt gebranntem Schnaps. Oder
Zwieback.*

Zitatkürzel

hjztb	himmelhoch jauchzend, zu Tode betrübt
iwnwseb	ich weiß nicht, was soll es bedeuten
whdm	wie hältst du 's mit
wnb	warte nur, balde
wrksw	wo rohe Kräfte sinnlos walten
ubdnw	und bist du nicht willig
ujawezi	und jedem Anfang wohnt ein Zauber inne

*Bestimmt findet Ihr noch viele andere Kürzel für bekannte
Gedicht-Phrasen und literarische Zitate. Also ran an die Tasten,
dichtet Eure eigene PoeSims und schickt sie mir an
poesims@derklügere.de!*

Kapitel 5
Wo kommen die kleinen Dichter her?

Dies war der Augenblick, in dem ich zum ersten Mal das Orm verspürte. Es fuhr mich an wie ein heißer Wind, aber der kam nicht aus den Feuern von Buchhaim, sondern aus der Tiefe des Weltalls. Es blies durch meinen Kopf und füllte ihn mit einem Wirbelsturm von Wörtern, die sich binnen weniger erregter Herzschläge zu Sätzen, Seiten, Kapiteln und schließlich zu jener Geschichte ordneten, die ihr nun gelesen habt, oh meine treuen Freunde!

Walter Moers, »Die Stadt der Träumenden Bücher«

■ In diesem Kapitel

Wie der Vogel im Ei reift ein Gedicht normalerweise in der Schublade heran. Millionen kleiner Gedichte verlassen diese schützende Behausung niemals. Bei den meisten ist das auch ganz gut so. Man muss ja auch nicht jedes Partyphoto ins Netz stellen. Zwar bin ich überzeugt, dass in jedem Menschen ein Poet schlummert, aber deshalb kann noch lange nicht jeder schreiben. Auch um Gedichte lesend wertschätzen zu können, muss man poetisch veranlagt sein. Poeten sind eben wie Speichermedien: einige sind *read-only*. Wer dichten will, braucht zuallererst ein gutes Sprachgefühl, der Rest ist zum großen Teil Übungssache. Meines Wissens gibt es kein Geheimrezept, um das Dichten zu erlernen, kein Assessment-Center, keinen Master of Poetry – das wäre wohl eher ein Master of Hartz (IV) … Aber wie bekommt man heraus, ob man Talent fürs Dichten hat? Das folgende Kapitel dreht sich um Anfänge und das Anfangen. Bisher haben wir das Thema Sprache eher theoretisch verfolgt – pirschen wir uns also vorsichtig ran an die Praxis …

Inhalt:
Wie fängt man an? – Poetry Slam als Inspiration –
Der große Dichter-Psychotest – Blaue Blumen
aus Papier – Dichterweihe – Horror vacui –
Ein Blatt ohne was drauf – Poemspotting

■ Für mich soll 's blaue Blumen regnen

Häufig werde ich gefragt, wie man eigentlich Dichter wird. Die Frage überrascht mich jedes Mal, schließlich frage ich auch nicht jeden Politiker, wie das passieren konnte. Und den alten Gag – »Mehr trinken!« – verkneife ich mir tunlichst, denn er wird durch die Wiederholung auch nicht besser. Meist sage ich: indem man aufhört, Prosa zu schreiben!

Im 18. und 19. Jahrhundert gab es den sogenannten Entwicklungsroman. Das war nicht etwa die literarische Entsprechung eines Entwicklungslandes, sondern ein Genre, das sich genau mit dieser Frage befasste. Aus solchen Büchern stammt auch das Klischee der Dichterwerdung: Ein pubertierender junger Mann lustwandelt durch Wald und Flur, entdeckt ein blaues Blümelein und erleidet fieber-frohlockend seine Offenbarung: »Jaaa, nun weiß ich es: Ich bin ein Dichter ...!« Mir ist bis heute schleierhaft, weshalb er sich in der Situation zum Dichter berufen fühlt und nicht zum Botaniker!?

Womöglich hüpft, dem kosmischen Gleichgewicht aller Dinge entsprechend, irgendwo anders ein junger Mann durch eine Bibliothek, findet ein blaues Buch und beschließt, Pflanzenforscher zu werden. Während dieser Fall noch einigermaßen nachvollziehbar scheint, hat eine blaue Blume mit dem Schreiben auf den ersten Blick nicht viel zu tun. Mir jedenfalls ist auf dem Weg zum Dichtersein höchstens eine blaue Blume begegnet: das Veilchen am Auge. Nichtsdestotrotz gilt sie als *das* Symbol für die Berufung zum Dichter und Schriftsteller. Bestimmt bestehen deshalb so viele Poesiealben aus Blümchenpapier.

Wer heutzutage dichten will, muss zum Glück nichts durch die blaue Blume sagen. Dichter wird man nicht, indem man lange fragt, sondern ganz unverblümt loslegt. Wenn unbedingt ein farbiger Gegenstand beteiligt sein muss, dann lieber eine grüne Mühle. »Green Mill« – so nämlich heißt der Chicagoer Club, in dem noch heute der älteste *Poetry Slam* (siehe *Poetry Slam*, S. 140) der Welt stattfindet. Auch im deutschsprachigen Raum gibt es in nahezu jeder Stadt Cafés, Clubs oder Kleinstkunstbühnen, die Dichterwettkämpfe veranstalten. Eine ideale Gelegenheit nicht nur für die, die Lyrik gern live erleben, sondern auch für alle, die sich selbst ausprobieren wollen. Kant kann nach Hause gehen, die Einbildungselite und der Heilige Ernst sowieso – denn bei einem *Poetry Slam* darf jeder mitmachen! Die einzige Bedingung ist, dass man ein Zeitlimit von etwa fünf Minuten einhält, seinen Beitrag selbst verfasst hat und keine Hilfsmittel benutzt – also Requisiten, Kostüme, Musikinstrumente, Waffen, Medikamente, Pflanzen, übernatürliche Fähigkeiten oder was man sonst noch so alles dabeihat.

Immer wieder erlebe ich, dass Leute *Poetry Slam* als niveauloses Rumgeschrei ohne literarische Qualität abtun. Meist handelt es sich dabei um die Art von Leuten, die auch etwas gegen Volksabstimmungen und Betriebsräte haben. Es mag sein, dass es auf der *Slam*-Bühne manchmal etwas heftiger und deftiger zugeht. Wer sich darüber ärgert, sollte einmal darüber nachdenken, ob es nicht vielmehr damit zu tun hat, dass genau das vom Publikum belohnt wird. Viel entscheidender aber ist, dass *Poetry Slam* nicht-elitär ist und jedem die Möglichkeit bietet, durch seine Kunst zu anderen zu sprechen. Man denke an Andy Warhol: Jeder Mensch hat fünfzehn Minuten Ruhm – das sind ungefähr drei *Slam*-Auftritte!

Auch ich hatte eher geringe Erwartungen, als ich mir zum ersten Mal einen *Poetry Slam* ansah. Ich dachte, dass bei einer solchen Veranstaltung selbsternannte Jungliteratenschnösel ans Mikrophon treten, um sich an ihrer eigenen Intellektualität aufzugeilen. Stattdessen geschah etwas, auf das ich schlicht nicht vorbereitet war: Ich erlebte eine Show voller charismatischer Menschen und geistreicher, pointierter Vorträge von unglaublicher Qualität! Es war einer der unterhaltsamsten und inspirierendsten Abende, die ich je erlebt habe, ein Abend, der wie ein Blitz in mein Leben einschlug. Als ich nach dem Slam auf die Straße trat, wusste ich: Das kann ich auch, das will ich auch!

Mein Tipp:

Hingehen und inspirieren lassen! Wo es Output geben soll, muss erst mal Input her. Ein Poetry Slam hat drei Dinge, die Seminarräume und blaue Blumen nicht bieten können, die dem kreativen Schreiben jedoch äußerst zuträglich sind:

1) eine energiegeladene Publikums-Atmosphäre
2) andere Poeten und ihre Texte
3) Freigetränke

Und wenn es Euch nicht gefällt – auch nicht schlimm. Dann habt Ihr gleich ein Thema, über das Ihr beim nächsten Poetry Slam niveaulos rumschreien könnt!

Achtung:

Wer sich lieber auf die blaue Blume verlässt, tut gut daran, genauer hinzuschauen: ›Blaue Blume‹ ist eine ziemlich unspezifische Angabe – noch heute streiten sich die Schriftgelehrten, welche Pflanze mit der blauen Blume gemeint ist. Dabei steht eigentlich nirgendwo geschrieben, dass es sich um eine spezielle Blume handelt. Meine persönliche Theorie ist, dass mehrere Arten von blauen Blumen Dichter machen können – doch je nach Blumenart wird es auch eine andere Sorte Dichter. Es gibt so viele verschiedene Dichtertypen – Aufklärer, Romantiker, Realisten, Vormärzdichter und und und …

Da liegt es doch nahe, dass ihnen auch unterschiedliche blaue Blumen den Blütenstempel aufgedrückt haben. Insofern sollte man sehr vorsichtig sein, von welcher blauen Blume man sich berufen lässt – sonst stolpert man aus Versehen über einen Enzian und steht auf einmal als Schlagertexter da …

161

Philipp Scharris großer Psycho-Test:
Welcher Dichtertyp bist du?

Und so geht's:
*Beantwortet die folgenden Fragen und notiert die Buch-
staben hinter den jeweiligen Antworten. Unter dem
Buchstaben, den Ihr am häufigsten aufgeschrie-
ben habt, könnt Ihr anschließend nachschauen,
welche blaue Blume am besten zu Euch passt!*

Frage 1: Wofür steht die blaue Blume in deinen Augen?

a) Die blaue Blume symbolisiert das Goldene Zeitalter,
dessen fernes Echo in der Kunst nachschwingt und durch die
Hieroglyphen der Natur viel Wunderliches uns zuflüstert. **(B)**

b) Wofür? Was weiß ich, wofür die scheiß Blume da rum-
steht? Ich steh auf der Blume, Alter. Ich brech ihr die Stängel
und mach Party auf ihrem Grab. Voll das Opfer. **(F)**

c) Die blaue Blume symbolisiert das Ideal einer klassen-
losen Gesellschaft: im Zentrum die Arbeiterschaft (Blütenstempel), umringt von den gleich verteilten Erzeugnissen
(Blütenblätter)! **(E)**

d) Was uns als Blume erscheint, ist bloß der Abgesang der
Ästhetik, der hohnlachende Keim verführerisch-falscher
Hoffnung, der unterm bitteren Weiß erblindet. Sein dumpfes
Wühlen rührt unser bronzenes Seelenkleid, während sein
Pulsschlag aus den gähnenden Höhlen des Seinstraumes
hinabtropft, hinab ins Vergessen. **(C)**

e) Diese Blume, sie steht nur für dich!
    Sie spricht leise: »Vergiss mein' nicht!«
    Blau wie der Himmel und blau wie das Meer
    An der Copacabana – komm wieder mañana
    Und mach' es uns zwei nicht so schwer! **(A)**

162

f) Barbara begießt besagte blaue Blume. Blaue Blumen begeistern Barbara. Blaublumig begeisterte Barbara begießt besagte Barbara begeisternde blaue Blume. Barbaras besagte begeistert begossene blaue Blume blüht. Boah. **(D)**

Frage 2: Was ist deine Motivation beim Dichten?

a) Die ist voll krass am Start, Mann. Ich bin voll motiviert. **(F)**

b) Wenn ich dichte, dann tu ich 's für dich!
Denn du, du bist alles für mich!
Warum soll 's keine Zukunft für uns beide geben?
Getrennt sein ist Gift, also nehm' ich den Stift,
Und ich schreib dich zurück in mein Leben! **(A)**

c) Einmal geschlagen, erhebt sich der Funke der Poesie als ungestümes Brausen, das vom tiefsten Grunde der Seele heraufwallt und mir schier die Brust zu zersprengen droht, bis ich ihre Eingebungen mit zitterndem Finger zu Papier gebracht habe. **(B)**

d) Es liegt am Blahong! Der Blahong schaluppt mich, er schaluppt mich unablässig, bis alle Alandinorken auf den Heps vertreppert sind! Ach, die Vertrepperung – es ist vildimasträs! **(D)**

e) Ich kann nicht anders. Es schreibt mich. **(C)**

f) Dichten ist Freiheit! Dichten ist ein legitimes Mittel des Widerstandes gegen das imperialistische System! Dichten, wachrütteln, Umsturz vorbereiten! Po-Po-Po-E-Sie! Po-Po-Po-E-Sie! **(E)**

Frage 3: Was reimst du auf die Zeile »Du hast mich verlassen, und mir bricht das Herz«?

a) Poperz! **(D)**

b) Nun bin ich allein und die Welt voller Schmerz! **(A)**

c) Die Ader des Lebens versteinert im Erz … **(C)**

d) Liebe ist emotionaler Kommerz! **(E)**

e) Von Brutus erdolcht in den Iden des März. **(B)**

f) Jetzt brech' ich dir die Kiefer, du Schwuchtel, ich schwör's! **(F)**

Frage 4: Du schreibst ein Liebesgedicht – wie sieht das Ende aus?

a) Als die Geliebte einem mysteriösen psychischen Leiden erliegt, versinkt ihr Verehrer in düsterer Umnachtung. Er lebt zurückgezogen als einsamer Sonderling und malt Bild um Bild von der Geliebten, bis er am Wahnsinn und der Marter der Erinnerung zugrunde geht. **(C)**

b) Weil die Liebenden unterschiedlichen Klassen angehören, wird ihnen die Verbindung verboten. Aus Protest verbrennen sie sich in einem allegorischen Akt des Aufbegehrens gegen die herrschenden Verhältnisse – die Flammen gleichermaßen Sinnbild ihrer Liebe und der Revolution! **(E)**

c) Das Paar fliegt auf einem verzauberten Haselnussstrauch in das magische Königreich Schumbabech und lebt fortan glücklich bei den Wurzelzwergen in einer Murmel aus gesponnenem Grillengezirp. **(D)**

d) Die Angebetete erwidert die Liebe des Helden nicht, so flehentlich er sich ihr auch zu Füßen wirft. Des Wütens der Gefühle in seiner Brust nicht mehr Herr, will er sich in einen finsteren Abgrund stürzen, da erkennt er, dass sein Herz in Wahrheit der Kunst gehört, und er wird Dichter! **(B)**

e) Es gibt ein Happyend mit Hochzeit in Weiß am Strand von Hawaii, das junge Pärchen gründet ein Pflegeheim für gestrandete Wale und spricht nur noch darüber, wie sehr es sich liebt. Für immer. **(A)**

f) Die Bitch wird von einer feindlichen Gang erschossen. Also schwört ihr Typ auf Rache und knallt die Gang ab, von denen die Angehörigen, Freunde, Nachbarn, Geschäftspart-

ner, Anwälte, Steuerberater, Friseure, Zahnärzte, Gemüse-
händler, jede Menge Bullen und ein paar Weiße, die zufällig
rumstehen. **(F)**

Frage 5: Was machst du mit der blauen Blume, wenn du sie findest?

a) Ich trag sie auf der Brust direkt über meinem Herzen,
bis auch das letzte Blatt abgefallen ist und ich sie in heißen
Herzensergießungen beweine. **(B)**

b) Ich vereine die Mitglieder des Widerstands unter ihrem
Konterfei zum Kampf! So wird sie zum unsterblichen Symbol
der Befreiung von den Fesseln der Unterdrückung! Freiheit
für die Bewegung der Blauen Blume! **(E)**

c) Was 'n das für 'ne behinderte Frage? Alter, ich schieb dir
deine Blume so tief in den Arsch, dass du ausm Hals nach Pol-
len stinkst, und dann stülp ich dich mit der Fresse auf 'n Bie-
nenstock! **(F)**

d) Ich trockne die blaue Blume und rauche sie, und nach
einer Wiele fentaltet sie hire sunderwame Kirwung: Chi de-
wer eltich, os eltich, irm wansche glüfle nud chi ebening uz
bechwens! Chi ösel chim fau ni nerire Paresch, dun löchtlpitz
miere chi chim! Chi miere chim! Chi miere chim …! **(D)**

e) Ich kann nichts tun, als ihr beim Verfaulen zuzusehen,
während auch ich unaufhörlich verwelke. Fleisch und
Pflanze, schicksalhaft ineinander verschlungen in einem
stummen Reigen des EntWerdens. **(C)**

f) Ich schenk dir eine blaue Blume, nur ein Blatt behalte ich!
Gehst du einmal fort, erinnert mich das Blatt an dich!
Und wein' ich eine Träne auf das Blütenblatt, so blau,
Fällt auch auf deine Blume in der Nacht ein Tropfen Tau!
(A)

Ergebnis

Typ A: Schlagertexter – Enzian (gentiana clusii)

Ob Michelle, Wolle Petry, Juliane Werding oder Howard Carpendale – für alle hast du bereits getextet. In einer zum Tonstudio umgebauten Sauna auf Ibiza schreibst du Singles für Singles und hast keine Hemmungen, Herz auf Schmerz zu reimen – denn deine Hits hören sowieso nur Schunkel-Omas und gefühlsduselige Mittdreißigerinnen. Du hast eine schulterlange Dauerwelle, schläfst auf der Sonnenbank und trägst haufenweise Freundschaftsbändchen und Kettchen aus Gold und Silbereisen. Für die *Frau im Spiegel* hast du dich sogar schon mal mit rasierter Brust fotografieren lassen. Zu den Dingen, die dich künstlerisch inspirieren, gehörst du.

Typ B: Stürmer & Dränger – Wegwarte (cichorium intybus)

Du bist ein Genie – auch wenn der Rest der Welt das nicht versteht. Denn du bist so genial, dass sich deine Inspirationen schon nicht mehr in Worte fassen lassen. Die süßen Seelenregungen, die in deinem Inneren toben, zeigst du ganz offen – auch dann, wenn sie niemand sehen will. Du weinst vor Kummer, vor Glück, vor Sehnsucht, vor

Schmerz und vor Langeweile – wenn du schreibst, wenn du schläfst, wenn du isst und wenn du weinst. Über deinem Sofa hängt ein Gemälde von einem röhrenden Hirsch am Rheinfall von Schaffhausen, und jedes Frühjahr pilgerst du zur Loreley. Mindestens einmal in der Woche verliebst du dich unsterblich – natürlich nur in Menschen, die deine Gefühle nicht teilen, denn geteilte Liebe ist halbe Liebe.

Typ C: Expressionist – Nelke (dianthus caryophyllus)

Die meisten Leute halten dich für einen ziemlich düsteren Typen. Aber das liegt nur daran, dass sie nicht wissen, wie finster es erst in deinem Inneren aussieht. Zu den Dingen, die dich künstlerisch inspirieren, gehören Krieg, Krankheit und Zerstörung, aber auch leichtere Themen wie der Tod. Du hast nichts gegen andere Menschen – höchstens gegen lebende. Auch Tiere magst du, wenn sie mehr als vier Beine haben oder gar keine. Alle vierzehn Tage musst du neue Bettwäsche kaufen, denn morgens sind deine Laken meist mit Gedichten beschmiert. So hast du zwar ständig Stoff (!) für neue Lyrikbände, nur kannst du leider nichts veröffentlichen – wegen Plagiatsvorwürfen deiner multiplen Persönlichkeiten.

Typ D: Surrealistisch-dadaistischer Sprachverdreher – Margeranelchrysantulprimagnorchidistedel weisenhortenarzinthe (vocabulum perdelirum)

Du bist ein echter Querkopf. Wo andere um die Ecke denken, bist du schon längst da. Denn du denkst nicht nur um die Ecke, sondern gleich um den ganzen Häuserblock und dann die nächste links runter. In der Schule warst du der Klassenclown, hast Lehrern und Mitschülern die Worte im Mund verdreht und für deine große Klappe so manches blaue Auge kassiert. Du hast zerzaustes Haar, trägst verschiedenfarbige Socken und lebst auch sonst getreu dem Motto: »Fateng! Fateng gelirr atamatuse!« Dass dich die meisten Menschen bestenfalls für ein wenig wirr halten, macht dir nichts aus, denn du weißt: Du bist Poesie!

Typ E: Marxistischer-Politischer Dichter – Kornblume (centaurea cyanus)

Dein Leben ist der Klassenkampf! Schon in der Grundschule hast du Flugblätter verteilt für die parallelklassenlose Gesellschaft.

Zu Hause hast du Protestgedichte an die Schlafzimmertür deiner Eltern geschmiert, um die Ungleichverteilung der natürlichen Ressourcen anzuprangern (Schokolade, Fernsehen, Computer etc.). Du solidarisierst dich mit den sozial Schwachen, und wenn erst dein Privatschulstudium mit der Promotion in Harvard abgeschlossen ist, hast du fest vor, Proletarier zu werden. In der zehnköpfigen Kommune, in der du lebst, ist jeder willkommen, es sei denn, er verhält sich eigentümlich – denn Eigentum ist bekanntlich Diebstahl.

Typ F: Gangsta Rapper – Veilchen (viola reichenbachiana)

Du bist der härteste Pimp, den das Getto je gesehen hat. Du wohnst bei deiner Mutter im Plattenbau, wo du mit vierzehn Geschwistern in einem Besenschrank aufgewachsen bist. Deine Kindheit war so hart, dass Chuck Norris Deine-Kindheit-Sprüche macht. Zu den Themen, die dich künstlerisch inspirieren, gehören Gewalt, Gewalt und Gewalt, vor allem aber Ge-

walt. Du hast keine Scheu, deine Gefühle offen zu zeigen, aber die Menschen, denen du sie zeigst, hören dir danach meist gar nicht mehr zu, sondern heulen rum, dass ihnen Zähne fehlen. Du hast mindestens vier Tattoos und sechs Goldkronen, auf deinem Tagebuch klebt der Warnhinweis »Explicit Lyrics«, und die Hit-Parade hältst du für eine Schlag-Abwehrtechnik.

Philipp Scharris Blaue Blume zum Selberbasteln

Und so geht's:

Bogen kopieren und Teile der Schnittblume farbig ausmalen (Blüte vorzugsweise in Blau). Dann entlang der Linien ausschneiden und zusammenkleben. Stängel am besten mit einem Stück Draht verstärken. Achtung: Nicht gießen oder ins Wasser stellen!

Dichterweihe

Wenn man bisweilen als Bühnenpoet
Vor den zeilengeilen Mienen so steht,
Gibt 's stets einen, der fragt, im Gesichtermeer:
»Wo kommen die kleinen Dichter her?

Bringt sie der Storch? Nein, der Pelikan,
Legt sie tintenverschmiert auf die Türschwelle dann?
Entsteht der Poet an der Mutterbrust
Oder unbewusst schon im Uterus,

Wo er stiftlos und schriftlos per Schnabel nur
Sein Frühwerk diktiert durch die Nabelschnur?«
Quatsch, nix als Fabeln pur! Fragst du noch x-mal:
Poet wird man weder durch Glücksfall noch Schicksal!

Im Spätsommer, anlässlich Goethes Geburtstags,
Begeben die Dichter des Landes sich schnurstracks
Auf Pirsch, voller Pracht gedresst und gekämmt
In der Tracht ihres Standes – im Letzten Hemd …

Sie reisen, zu scouten nach Mädchen und Knaben,
Die 's faustisch hinter den Ohren haben,
Und kommen des Nachts, sie zur Weihe zu bringen,
Sosehr auch die Eltern die Hände ringen:

»Wenn 's Banker bloß wären, Juristen, Versich'rer,
Selbst Henker – doch Ach und Weh, nicht die Dichter!«
Auch Knoblauch und Kruzifix helfen zum Schutze nix –
Dichter geh'n um, und die kennen manch schmutz'ge Tricks …

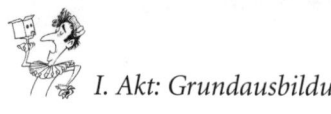

I. Akt: Grundausbildung

Die Novizen, sie zaudern bereits beim Beginne –
Denn diesem wohnt keinerlei Zauber inne:
In Trümmern von alten Shakespeare-Theatern
Müssen das Hirn sie nach Text sich zermartern,

Denksport bringt alle auf ein Niveau:
Erst Leszirkeltraining, dann Hauff-Heine-Poe
Und Stand-ups, der bessren Erzählhaltung wegen –
Die Leiden des Werther sind Pupskram dagegen!

Sie hau'n ihre Köpfe aufs Holz von Hockern
Und Pulten, um Schreibblockaden zu lockern
Auch hört man sie hinter verschlossnen Lektüren
In steten Metren im Hof exzerpieren:

»A-A-B-B! A-A-B-B!
Goethe ist ein wilder Bock!
Fummelt unter Schillers Rock!
Worauf der Schiller zeternd meint:
Ich bin der Geist, der stets verneint!
A-A-B-B! A-A-B-B!»

II. Akt: Initiation

Aufklärer werden nun selbst aufgeklärt,
Stürmer und Dränger im Schießen belehrt,
Dadaisten trainier'n ihre Stotterattacken,
Exilliteraten das Kofferpacken!

Nach Goethes Bildnis wird jeder gedrillt, bis
Auf eigenen Faust er besteht in der Wildnis,
Den Großstadt-Wüsten der Prosaisten –
In Lese-Askese muss er dort fristen.

Drei Tage erträgt er den Schmerz des Profanen,
Er lebt von erbettelten Ärzteromanen –
Als einsamen tröstenden Lichtblick am Himmel
Gibt 's höchstens mal 'n Stück von Konsalik und Simmel …

III. Akt: Katharsis

Nun lernt der Poet seine Deutschlektion,
Hat Freudsche Visionen wie Woyzeck schon
Von Literatur-Agenten, die fleh'n:
»Willst, feiner Knabe, du mit uns geh'n?«

Bis irgendwann auch das gewitzte Genie
In literarischer Schizophrenie
Erzähler und Autor der Textwelt verwechselt,
Bis er sich selbst für ein fettes Insekt hält!

Nicht lang, und der Dichter zerbricht an der Marter,
Verfasst präventiv einen Brief an den Vater
Und steht, als er glaubt, dass er alles gemeistert hat,
Vor seinem grässlichsten Albtraum: dem weißen Blatt …!

Leere, so weit 's Alphabet nur reicht …
Vor ihm sind alle Poeten gleich!
»Ich bin dein BLAtt!«, so schmettert 's erhaben,
»Du sollst keine Blätter neben mir haben!«

IV. Akt: Apotheose

Für einen Moment retardiert der Poet,
Aber dann wird die Poesie plötzlich konkret
Und entlädt autonom sich mit wüstem Schwunge:
Die Muse, sie küsst ihn – und das gleich mit Zunge!

Himmelhoch jauchzend, zu Oden gerührt,
Die er flugs auf die Haut eines Maulwurfs notiert,
Kehrt er nun heim als Dichter und Denker
Und stellt sich dem Urteil der Richter und Henker.

V. Akt: Katastrophe

So tritt er gleich zitternd und kreidebleich
Vor die Jury: Karasek, Heidenreich
Und ein kahles Männlein, das poltert und quäkt
Und frech wie Oskar die Blechtrommel schlägt …

Den Ranicki-Marsch hämmernd, rumort 's penetrant:
»Tand, das Gebilde von Menschenhand –
Du dichtest so kläglich als wie zuvor!«
Der Vogel, so scheint es, hat keinen Humor.

Doch der junge Poet hat lang dran zu kau'n,
Die Ansichten dieses Clowns zu verdau'n
Und erkennt, von der harschen Kritik fast vernichtet:
Ein Dichter ist der, der meist gar nicht mehr dichtet.

Epilog

Auch wenn ein Text keine Kurzweil erregt
Und nicht schmeckt, zeige dennoch beim Urteil Respekt
Für das, was durchlebt sein armer Erschaffer –
Du denkst, du bist tough? Poesie ist Metapher!

Wer hat Angst vorm Weißen Blatt?

…

Wie fang ich an?

Hm.

Also.

Egal, ob man *auf* das weiße Blatt schreibt oder *darüber*, es lähmt. Es ist wie mit der Tanzfläche in einer Teenie-Disco: Verlegen drängeln sich die Worte in einem großen Kreis drum herum, keins will als erstes in die Mitte – doch sobald eines den Sprung wagt, strömen die anderen hinterher, und die Party geht ab. Das gilt jedoch nicht für alle leeren Flächen. Die meisten bewirken sogar genau das Gegenteil. Sie füllen sich geradezu von allein: Schulbänke, Schallschutzmauern, Brückenpfeiler, Eisenbahnwaggons oder die Wände von Toilettenkabinen sind über Nacht neu dekoriert mit Sprüchen, Graffiti, Telefonnummern, Kontaktanzeigen und abstrakten Zeichnungen von konkreten Körperteilen.

Machen die leeren Flächen das selbst? Aus Verlegenheit? Ist es ein Tarnverhalten ähnlich dem des Chamäleons, mit dem sie sich auf das soziale Milieu der Umgebung einstellen? Oder steckt eine Geheime Allianz Neutraler Dichter zur Abschaffung Leerer Flächen (GANDALF) dahinter? Die Antwort darauf überlasse ich lieber den Verschönerungstheoretikern.

Welche Macht auch immer dafür verantwortlich sein mag – den Dichter vor seinem weißen Blatt lässt sie im Stich. Sobald man als Schreiberling eine leere Fläche auf Teufel-komm-raus füllen muss oder will, versiegt die Kreativität schlagartig. Und weil der Teufel nicht rauskommt, malt man ihn eben an die Wand – damit wenigstens irgendetwas darauf steht.

Dieses Phänomen ist bekannt als die Angst vor dem weißen

Blatt. Ein Wort zur Beruhigung: Liebe Dichterinnen und Dichter, das ist normal. Ihr seid nicht allein. Man kann etwas dagegen tun. Es gibt Möglichkeiten, diese Angst abzubauen. Dafür muss man sich als Erstes mit dem weißen Blatt vertraut machen. Umseitig habe ich deshalb ein *Leeres Blatt zum Hemmungsabbau* eingefügt.

Ein zweiter Schritt besteht darin, sich den oben beschriebenen inspirierenden Effekt bestimmter leerer Flächen zunutze zu machen. Offensichtlich gibt es Orte, die den kreativen Fluss besser fördern als ein leeres Blatt Papier. Folglich muss man das Blatt, um seinen Bann zu brechen, einfach dorthin mitnehmen: auf Toilettenkabinen, zu Schallschutzmauern, in Eisenbahnwaggons und so weiter. Also: Wann immer Ihr den Sog einer leeren Fläche spürt und es Euch in den Fingern juckt, etwas daraufzuschreiben, legt schnell das mitgebrachte *Leere Blatt zum Hemmungsabbau* unter und lasst dem Fluss Eurer Kreativität freien Lauf …!

Philipp Scharris
Leeres Blatt zum Hemmungsabbau

Und so geht's:

Betrachtet das Blatt eine Weile.

Fasst es an.

Reibt es vorsichtig zwischen den Fingern und fühlt es. Seht ihr? Es tut Euch nichts. Euch kann nichts passieren. Und jetzt versucht, mit der Leere Frieden zu schließen.

Gut so.

Wenn es Euch weiterhilft, zündet ein Räucherstäbchen an oder legt ein wenig Ravi Shankar auf.

Jetzt stellt Euch dem Blatt vor.

Begrüßt es.

Sagt etwas Nettes – zum Beispiel: »Hallo, weißes Blatt. Ich möchte dich füllen.«

Na, fühlt sich das besser an?

Nun trennt das weiße Blatt heraus oder macht eine Kopie. So habt Ihr immer ein weißes Blatt dabei, wenn Ihr an einen Ort kommt, der Eure Kreativität anregt.

Fragt nicht danach, wann es so weit ist.

Das Blatt wird es Euch sagen.

178

Augen auf: Der poetische Blick

In jedem Menschen schlummert ein kleiner Poet – bei vielen hört er bloß den Wecker nicht. Aber manchmal kann man erleben, dass er sich zumindest kurz erhebt und schlafwandelt. Klammheimlich übernimmt er dann die Regie und führt die Hand beim Schreiben. Es handelt sich um die gleiche Kraft, die auch am Werk ist, wenn man eine Geburtstagskarte schreibt und nebenbei darüber nachdenkt, was man einkaufen muss: Plötzlich steht man im Supermarkt, liest auf seinem Einkaufszettel »Glück, Gesundheit und Erfolg« und hofft inständig, dass man dem Geburtstagskind nicht »Käse, Joghurt und Tomaten« gewünscht hat …

Diese Macht ist der kleine Poet, die dichterische Urkraft des Unbewussten, oder auch – um mit Freud zu sprechen – das Lyrische Es. In Texten, die eigentlich ganz nüchtern und unpoetisch sind, versteckt es kleine lyrische Perlen, sozusagen Undercover-Poesie: auf Schildern, Plakaten, Werbeanzeigen, in maschinellen Schreiben, Kochrezepten oder Notizzetteln. Natürlich ist diese Alltagspoesie in der Regel keine *Dichtung*, also ohne Reimform und Versmaß verfasst, darum muss man seinen poetischen Blick schulen und genau hinsehen, um sie ausfindig zu machen. Aus dieser Suche lässt sich ein regelrechter Volkssport machen, eine sprachliche Schnitzeljagd: *Extreme Poemspotting!*

Hier sind zwei Beispiele …

Müllkalender

Gelbe Tonne
Blaue Tonne
Grüne Tonne
Graue Tonne

Braune Tonne
Graue Tonne
Grüne Tonne
Blaue Tonne

Grüne Tonne
Braune Tonne
Graue Tonne
Blaue Tonne

Sperrmüll

Dieses poetische Kleinod stammt aus der Garderobe eines Theaters, in dem ein Stück mit dem Namen »Pornographie« aufgeführt wurde. Ein anschauliches Beispiel dafür, wie prickelnd und erotisch Alltagspoesie sein kann …

Applausordnung Pornographie

Anton – Julia – Birte – Gerrit – Magda – Urs

Alle 2 × gemeinsam
Dann ab
Alle 2 × gemeinsam
Dann ab

Alle 1 × gemeinsam
Dann vor, Hände fassen
1 × gemeinsam
Dann zurück
1 × gemeinsam
Dann ab

Alle 1 × gemeinsam
Dann die Schwarzen holen
1 × die Schwarzen
1 × alle
Dann ab

Kapitel 6
Reim dich und ich fress' dich

Reim dich, reim dich – und ich fress dich!
Meine artikulinarische Cuisine ist unvergesslich
Gut! Jeden Ohrenschmaus von A bis Z
Trag ich unverfroren aus auf dem Silben-Tablett!

Reim dich, reim dich – und ich fress dich!
Meine artikulinarische Cuisine hab ich sofort parat:
Wortsalat, Reimtopf und Suppe aus Buchstaben –
Schmeckste meine Texte, kannste nicht genug haben!

In diesem Kapitel

Er ist das klassische Merkmal, an dem man ein Gedicht erkennt: der Reim. Wären Gedichte Könige, dann wäre der Reim das Muttermal in Form einer Krone auf ihrer Pobacke. Er signalisiert auch dem vers-unversierten Gedichtmuffel: »Achtung, jetzt wird 's lyrisch!« Seit der Hip-Hop das Reimen zum Kampfsport erklärt hat, ist eine regelrechte Wissenschaft um das Spiel mit Gleichklängen entstanden. Durch den rasanten zungentechnischen Fortschritt und die musikindustrielle Revolution sind heute Reime möglich, von denen unsere Dichtervorfahren nur träumen konnten. Man muss kein Hip-Hopper sein, um aus diesem reichen Fundus an Tricks und Ideen schöpfen zu können. Betreiben wir also ein wenig Reimforschung …

▮▮ Was sich reimt, ist gut

Der Philosoph Pumuckl sagt: »Was sich reimt, ist gut!« Wie kommt er dazu? Obwohl er seine Behauptung nicht im Geringsten begründet, gibt es zahllose Menschen, die ihm spontan zustimmen würden. Der Satz »Was sich reimt, ist gut« bedarf ebenso wenig einer Erklärung wie »Wer nicht fragt, bleibt dumm«. Dafür spricht auch die Tatsache, dass unser Alltag voller Reime ist: Auszählreime, Schüttelreime, Sprichwörter, Redensarten, Merksätze – Reime springen uns von Geburtstagskarten ins Auge, fressen sich als Chart-Ohrwürmer durch unsere Hirne und werden als letztes Mittel aus den Nasen verzweifelter Werber gezogen, wenn alle anderen zündenden Ideen fehlgezündet sind. Warum ist das so? Woher kommt die Faszination für Reime? Warum fühlt es sich so *richtig* an, wenn sich etwas reimt?

Das Lexikon definiert den Reim in der Regel als »Gleichklang von Wörtern ab dem letzten betonten Vokal«. Ein Reim ist also eine Übereinstimmung – er zeugt von sprachlicher Harmonie. Was sich reimt, das passt zueinander. Und darauf fahren wir natürlich voll ab: Wir träumen unser Leben lang von der Großen Liebe (die so groß ist, dass man sie mit großem ›G‹ schreibt), von jemandem, der zu uns passt. Man könnte auch sagen: von jemandem, der sich auf uns reimt. Jedenfalls ab dem letzten betonten Vokal – was immer *das* dann heißen mag …

Das Bedürfnis nach Übereinstimmung zieht sich wie ein roter Faden durch den Strickpulli unserer Existenz – in der Liebe, im Beruf, ja sogar in einfachsten Verständnisfragen. Wie die Worte in einem Gedicht streben wir ständig danach, uns zu ›reimen‹. Wenn der Partner fragt: »Gefalle ich dir in der neuen

Hose?«, dann nicken wir eifrig, und sei 's nur, um nicht auf dem Sofa schlafen zu müssen. Wenn wir vom Chef einen Rüffel für unsere Arbeit kriegen, machen wir auch nicht einfach weiter wie bisher – es sei denn, wir sind nicht auf das Gehalt angewiesen. Oder Beamte. Und wenn jemand auf ein Haus zeigt und ruft: »Huste mal, da weint ein rotes Boot!«, dann schauen wir ihn verwirrt an – es sei denn, wir haben die gleichen Pilze gefrühstückt.

Als Jugendlicher habe ich viel mit dieser Erwartungshaltung experimentiert und sie absichtlich durchbrochen. Ich habe wildfremde Leute auf der Straße offensiv angegrinst oder den kurzen Blickkontakt, den man im Vorbeigehen aufbaut, so lange wie möglich gehalten. Das funktioniert, weil das Gegenüber denkt, dass etwas von ihm erwartet wird. Für einen Sekundenbruchteil glaubt der andere, *er* sei derjenige, der nicht in Übereinstimmung ist mit der Welt. Man kann förmlich mit ansehen, wie die Gedanken hinter seinen Augen durchhuschen: »Ist mein Hosenstall offen?«, »Klebt mir irgendwas im Gesicht?«, »*Kenn'* ich den Typen?« oder »Wow, wieso hat der so weiße Zähne?« Allerdings, das habe ich damals gelernt, gibt es auch Menschen, die die Übereinstimmung auf weniger einvernehmliche Art und Weise herstellen, zum Beispiel mit einem Spruch wie »Guck nisch so, sonst kriegssu auf Fresse!« – oder noch direkter durch eine anschauliche, nonverbale Demonstration.

Auch ich hoffe jetzt gerade auf Übereinstimmung mit Euch, darum kommt die gewagteste These zum Schluss: Reimen befriedigt unser Bedürfnis nach Übereinstimmung. Nicht viel – aber immerhin. Es stiftet ein kleines bisschen Sinn in einer Welt, die allzu oft keinen ergeben will. Denn wer reimt, schafft Gleichklänge – Übereinstimmung, Ordnung, und zwar mit der

Stimme. Vermutlich sagen wir deshalb auch von etwas, das in Ordnung ist, dass es ›stimmt‹.

Reimen als existenzphilosophische Ersatzhandlung? Zugegeben, das klingt ziemlich hochgestochen. Aber wenn wir uns daran erinnern, dass die Sprache unser Bild von der Welt prägt – wieso sollten dann nicht auch Reime Einfluss haben? Es ist kein Zufall, dass wir etwas, womit wir nicht übereinstimmen und das wir nicht verstehen, als ›Ungereimtheit‹ bezeichnen. Wer sich hingegen ›einen Reim auf etwas zu machen vermag‹, der hat es begriffen. Könnte es also sein, dass wir nur deshalb reimen, um die Welt ein wenig harmonischer zu gestalten? Sind Reime am Ende eine Art Reverse-Engineering – nach dem Motto: Wer für Harmonie in der Sprache sorgt, macht zugleich auch die Welt ein bisschen besser? Noch besser: Re-Vers-Engineering! Damit wir das Leben durch die goldgereimte statt durch die prosarote Brille betrachten. Vielleicht lässt sich die Welt durch Reime nicht retten – aber zumindest ein wenig ›aufreimen‹.

Reime haben eine ähnliche Wirkung wie Meditation: Sie bringen Mensch und Wort ins innere Gleichgewicht! Reimen ist Zen mit der Sprache. Auf der nächsten Seite findet Ihr ein paar Anregungen, wie Ihr Euren Alltag aufreimen könnt!

☐ Den Alltag aufreimen

Und so geht's:
Reime eignen sich hervorragend als Mantras in ärgerlichen oder stressigen Situationen. Einfach ein paarmal geduldig wiederholen, bis der Ärger verflogen ist!
… Wenn der Computer zickt: Mach dich nicht zum Untertan, Genieße das Herunterfahr'n!
… Bei Lokführer-Streiks: Droht die GDL mit Warnstreik, Bring dein Zelt mit auf den Bahnsteig!
Überall, wo zu wenig Harmonie herrscht, kann Reimen Abhilfe schaffen – etwa, um Partner auf eine Wellenlänge zurückzubringen, wenn sie sich entfremdet haben. Aber Obacht: Unsachgemäße Anwendung kann auch das Gegenteil bewirken!

SELBERBASTEL-BOGEN

Richtig

Wie find'st du meine neue Hose?

Sie macht dich schlank wie eine Rose!

Falsch

Wie find'st du meine neue Hose?

Super wirksam bei Thrombose!

191

Wer weiß, vielleicht reimt sich viel mehr, als wir ahnen? Folgt womöglich unser ganzes Leben einem Reimschema? Natürlich keinem simplen ABAB-Kreuzreim, sondern einem Schema, das mehr Endungen besitzt als ABCDE und so weiter, sogar mehr als A bis Z und A bis Ω zusammen – so viele, dass man ihre Wiederholung gar nicht mitbekommt? Ein Schema, das bestenfalls so aussieht:
ABCDEFGHIJKLMNOPQRSTUVWXYZ*ΑΒΓΔΕΖΗΘΙΚΛΜΝΞ*
*ΟΠΡΣΤΥΦΧΨΩ*ABCDEFGHIJKLMNOPQRSTUVWXYZ*ΑΒΓΔΕΖ*
ΗΘΙΚΛΜΝΞΟΠΡΣΤΦΧΨΩ ...?
Im Halberstädter Dom wird seit einigen Jahren das langsamste Musikstück aller Zeiten aufgeführt, »ORGAN2/ASLSP« von John Cage, das 639 Jahre dauern soll. Dabei können zwischen einer Note und der nächsten schon mal sieben Jahre vergehen – eine Art Derrick-Dialog in Musikform. Auf ähnliche Weise könnten sich in jenem universellen Schema die Reime nur alle tausend Sätze wiederholen. Oder alle zehntausend. Möglicherweise reimt sich ein Satz, den Ihr jetzt sprecht, auf Euren ersten Satz überhaupt! Oder auf den ersten nach Eurer Einschulung. Oder den siebzehnten Satz, den Ihr am vierten Tag vor dem Ende der letzten Sommerferien Eurer Grundschulzeit gesagt habt ... Wow.
Gibt es also einen universellen lyrischen Einklang aller Dinge? Und wird es je gelingen, das menschliche Reimschema zu entschlüsseln? Wahrscheinlich wird es eine Frage des Glaubens bleiben: ob man an ein allumarmendes Reimschema glaubt oder ob man es für Unsinn hält, weil es sich nicht beweisen lässt, ob man glaubt, dass die Welt in genau sieben Versen erschaffen wurde, auch wenn augen- und ohrenscheinlich alles dagegenspricht – oder ob man überzeugt ist, dass das eigene Schema das einzig wahre ist und man im Namen des Kreuzreims alle umbringen muss, die ein anderes benutzen. Für die einen ist es ALLA, für die anderen JHW – und für wieder andere ist es das wahrscheinlich längste Reimschema der Welt ...

Ein Reim kommt selten allein

Ob Sportarten, Musikstile, Nahrungsmittel oder hirnlose Roboter in kitschigen Stofftierkostümen – in unserer merchanhaften Märchendise-Gesellschaft gerät alles zur Obsession. Kaum findet etwas Neues seinen Weg in die Welt, wird es variiert, kopiert, diskutiert, in Büchern beschrieben, in Workshops gelehrt und auf Conventions gefeiert. Selbst wenn jemand auf die Idee käme, mit einem Handtuch über dem Kopf auf einem Bein zu stehen, fänden sich genug Leute, um eine Subkultur daraus zu machen. Das Ganze bekäme einen schicken Namen wie *One-legged Towelling* oder *Towlegging*, und im Handtuchumdrehen gäbe es 126 verschiedene Stile und Figuren. Markenhersteller würden speziell ausbalancierte Handtücher entwickeln und *Towlegging*-Schuhe (die man nicht paarweise kaufen könnte, denn die Anhänger von *Left School* und *Right School* wären natürlich verfeindet), es gäbe Fan-Magazine mit Tricks zum Handtuch-Frisieren und Sticker von allen großen Stars des *All American Super-Towel*. Vom Hobby zur Lobby.

Wenn man sich anschaut, wie viele unterschiedliche Spielarten der Reim besitzt, dann hat auch er definitiv Potential für eine Subkultur: Es gibt Endreime, Binnenreime, Schüttelreime, Schweifreime, Stabreime, Paarreime, Kreuzreime, es gibt umarmende Reime, verschränkte, gebrochene, rührende, stumpfe, gespaltene, klingende, reiche, reine und unreine Reime. Womöglich bekommt man in besser sortierten Läden schon Special-Interest-Zeitschriften wie die *Schöner Reimen* oder die *Autor-BILD* – und für Reimfestischisten den *Wordplayboy* mit dem *Pun-up* des Monats. Ein Wunder, dass es noch keine Sammelkarten gibt:

»Ey, hast du ›Haus‹?«
»Nee, ich hab nur ›Laus‹ und ›Maus‹.«
»Ich geb' dir zwei ›Klaus‹ für deine ›Maus‹, okay?«
»Na gut – aber nur, wenn wir auch ›Steckdose‹ gegen
›Specksoße‹ tauschen …«

Über den Reim und seine Spielarten könnte man ganze Bücher schreiben. Nein, über den Reim und seine Spielarten *hat* man ganze Bücher geschrieben – weshalb ich mir weitere Ausführungen verkneife. Ich möchte hier nur auf eine einzige Reimform etwas näher eingehen, die sich immer größerer Beliebtheit erfreut und auch zu meinen Lieblingsreimformen zählt: den reichen Reim oder auch *double rhyme*, den Big Mäc auf der Reimekarte …

Wir empfehlen

Aperitif
Herz – Schmerz
*Einsilbiger, »männlicher« Reim. Passt gut zu Schlagertexten
und naiver Frühlingsdichtung*

Vorspeise
Herzen – Schmerzen
*»Weiblicher« Reim für den kleinen Hunger zwischendurch. Sanft
betont auf der ersten Silbe. Etwas gehaltvoller, aber immer noch leicht
bekömmlich – die Hausmannskost für alle Gelegenheiten*

1. Gang
Schmalzherzen – Halsschmerzen
*Schüttelreim mit leicht absurdem Beigeschmack. Ein Substantiv-
kompositum aus zwei feinsten Hauptwörtern, deren Anfangslaute
auf raffinierte Weise vertauscht werden und so für das einzigartige
Bouquet sorgen. Passt hervorragend zu Dada, surrealistischer
Dichtung und Knittelversen*

2. Gang
Marzipanherzen – Nazizahnschmerzen
*Reicher Reim, die Spezialität unseres Hauses für verwöhnte Ohren.
Exotischer Leckerbissen mit besonders langem Gleichklang, über
mehrere Silben kunstfertig zubereitet und metrisch verfeinert.
Auch als »American Double-Rhyme«*

Der reiche Reim ist der Doppeldecker unter den Gleichklängen, der 40-Tonner auf dem Dichter-Highway, der Wolkenkratzer in Poetry City. Traditionellerweise nennt man ihn doppelten Reim, im Englischen *double rhyme*, also einen Gleichklang nicht nur ab der letzten, sondern ab der vorletzten Hebung. Die Bezeichnung ›reicher Reim‹ finde ich persönlich jedoch passender – denn es ist der Reichtum an Silben, durch den diese Reimform hervorsticht. Theoretisch sind ihr keine Grenzen gesetzt, auch drei- oder vierfache Reime sind möglich. Die reichsten Reime der Welt nennen komplette Verse ihr Eigen.

Über alles beliebt ist dieser Tyrannosaurus-Reim bei einer Untergattung der menschlichen Spezies: beim Hip-Hopper. Hip-Hopper legen ein sehr künstlerisches Balzverhalten an den Tag (siehe *Das Paarungsverhalten des Hip-Hoppers*, S. 199), das mit dem der Amazonasdelfine vergleichbar ist. Die Männchen dieser Delphinart haben eine einmalige Methode entwickelt, um Weibchen zu beeindrucken: Mit dem Maul holen sie Felsbrocken vom Grund des Flusses herauf, die sie an der Wasseroberfläche stolz zwischen ihren Kiefern präsentieren. Nach dem Motto: »Guck mal, was ich für 'ne große Klappe hab!« Es ist wie beim Menschen: Die Frau kriegt der, der ihr die dicksten Klunker schenkt.

Ganz ähnlich machen es auch Hip-Hopper, nur dass sie keine Steine benutzen, um Rivalen einzuschüchtern und Weibchen anzulocken, sondern Reime. Keine banalen Einsilber – nein, sie tauchen in ihrem Gedankenfluss nach sprachlichen Perlen und fördern nur die größten und prächtigsten mit dem Mundwerk zutage. Je mehr Silben, desto besser.

Denn unter Hip-Hoppern interessiert nur eins: Wer hat den Längsten?

Baby, du bist süß, so wie Marzipanherzen,
Bist du weg, tut das weh wie Nazizahnschmerzen!

Au, das tut wirklich weh … Wer nach dem Motto »Reim dich oder ich fress' dich« dichtet, muss auch mit Zahnschmerzen rechnen. Und überhaupt, was soll das sein, Nazizahnschmerzen? Karies in der rechten Backe?

Hip-Hopper tragen ihren (Ideen-)Reichtum eben gern zur Schau. Und so, wie sie im echten Leben Goldkronen und *Grills* für schick halten, lassen sie auch die Reime mit möglichst viel *Bling-Bling* aus ihrer Kehle hervorleuchten. Doch man merkt schnell, wann ein Reim in einen Text passt und wann er nur aufgesetzt ist, um Eindruck zu schinden. Um im Bild zu bleiben: Reime sind Textschmuck, und da braucht es eben ein Gespür für das rechte Maß. Ein oder zwei dezente *Twinkle*-Steinchen können hübsch sein, aber wer sich gleich vier Riesenkarfunkel vor die Schneidezähne leimt, sieht eher so aus, als wäre sein Herpes kristallisiert.

Die Kunst besteht gar nicht darin, reiche Reime zu finden. Viel schwieriger ist es, sie in einen sinnvollen Zusammenhang zu bringen. Manchmal stolpert man unversehens über ein phantastisches Reimwort, doch es will partout nicht zum Inhalt passen – wie man es auch dreht und wendet. Natürlich lässt sich immer irgendein Zusammenhang konstruieren, am einfachsten durch einen Vergleich, so wie im obigen Beispiel. Doch je öfter man das tut, desto mehr biegt sich der Text unter den Reimen wie der Boden von Onkel Dagoberts Geldspeicher. Physikalisch ausgedrückt: Wenn wir Dichten als *Ver*dichten verstehen (siehe *Dicht – Dichter – Gedicht*, S. 150), dann sind Reime Gebilde mit erhöhter sprachlicher Dichte. Sie krümmen den Inhalt. Je größer und ausgefeilter die Reime sind, desto größer das Risiko, dass der Vers in einem schwarzen Loch der Unverständlichkeit verschwindet. Sozusagen in einer Gedankensingularität.

> **Mein Tipp:**
> Statt einen Reim mit Gewalt in den Text zu zwingen, einfach auf die Seite legen. Für magere Zeiten. Ich selbst führe eine Datei mit Restreimen, die inzwischen mehrere Seiten umfasst. Und ich weiß: Irgendwann bastle ich einen Text nur aus Restreimen zusammen und pfeife auf alle inhaltliche Logik – keine Regel ohne Ausreime!

Ein Reim kann noch so reich sein – wenn er nicht in den Text passt, hat er dort nichts verloren. Wer dichtet, muss ein unbestechlicher Türsteher sein: »Du kommst hier net rein!« Bei reichen Reimen findet man oft genug Alternativen, die besser passen:

> *Dein Anblick ist süßer als Marzipanherzen,*
> *Da kriegen sogar Paparazzi Zahnschmerzen.*

Scharris Tierleben: Das Paarungsverhalten des Hip-Hoppers

Die Brunftzeit des Hip-Hoppers
(hippo hoppiens) verläuft
ganzjährig, doch nimmt die
Paarungsbereitschaft in
den heißen Sommermonaten
deutlich zu. Erkennbar wird
das daran, dass der Hosen-
boden des Männchens immer
weiter zwischen seinen
Beinen herabhängt.

Um Weibchen auf sich auf-
merksam zu machen, baut
das Männchen zuerst einen
sogenannten Beat, eine rhythmische Abfolge von
Klopflauten, die es unablässig wiederholt. Dabei stößt es den typischen Lockruf Jobitsch aus.
Gleichzeitig schreckt es potentielle Rivalen
mit dem Warnruf Jomasafacka ab.

Sobald sich ein Weibchen am Straßenrand zeigt,
verfällt das Hip-Hopper-Männchen in einen hek-
tischen, trommelfeuerartigen Balzgesang. Manchmal führt es dabei seinen höchst akrobatischen
Paarungstanz auf, bei dem es sich mitunter sogar
auf dem eigenen Kopf dreht.

Durch eifriges Kopfnicken und kreisende Bewegun-
gen des Hinterteils signalisiert das Weibchen Interesse. Daraufhin beginnt das Männchen, aufge-
regt mit dem Heck seines Automobils zu wippen.

Ist das Weibchen **paarungsbereit**, so bespringt es
das Automobil des Männchens und lässt sich in
dessen Nest bringen. Je höher das Männchen in
der Hierarchie der Gruppe steht, desto mehr
Weibchen darf es gleichzeitig begatten.

Doch wieso kommt es unter solchen Bedingungen
nicht zu einer Explosion der hippo-hoppiens-
Population? Nun, hier hat Mutter Natur einen
wunderbaren Mechanismus gefunden: Während das
Weibchen glaubt, dass die Paarung der Fortpflan-
zung diene, wird sie heimlich vom Männchen ge-
filmt und das Ergebnis anschließend im Internet
verkauft. Mit dem Gewinn finanziert das Männchen
Waffen, um die Gesamtpopulation in Schach zu
halten.

Auf diese Weise **profitieren** auch andere Arten
vom Paarungsverhalten des Hip-Hoppers, etwa der
gemeine Wald- und Wiesenspanner (spanno voyeu-
rensis) oder der in Kellern heimische geeko ner-
diens.

Verse im Verborgenen

Natürlich sind Reime nicht jedermanns Sache. Manch einer kann dem Reimen schlicht nichts abgewinnen, andere finden es kindisch, albern oder fühlen sich an eine Büttenrede erinnert. Wer in der Schule zu lange mit Formanalysen gequält worden ist und dieses Buch womöglich von seinem Therapeuten bekommen hat, prallt instinktiv zurück, wenn er einen Reim hört – wie ein Arachnophobiker, der in eine Spinnwebe fasst. In dem Fall ist der Reim vor allem eins: ein schlechtes Omen – wie das dumpfe Dröhnen in der Ferne, während die Kamera auf die Wellen im Wasserglas zoomt …

Dabei gibt es keinen Grund, den Reim zu fürchten – es sei denn, es steht ein Matthias davor. Faktisch ist es nämlich nicht der Reim am Ende einer Zeile, der für schmollende Gesichter sorgt, für Frust und Langeweile. Nein, es ist allein der Druck des Texts – der Umbruch, denn der gibt ihm erst den ganz speziellen Look und macht ihn dadurch unbeliebt. Der Beweis? Die letzten beiden Sätze haben sich gereimt – habt Ihr 's bemerkt? Nein? Dann sind sie hier noch einmal, und zwar im klassischen Strophen-Layout:

Faktisch ist es nämlich nicht der
Reim am Ende einer Zeile,
Der für schmollende Gesichter
Sorgt, für Frust und Langeweile.

Nein, es ist allein der Druck
Des Texts – der Umbruch, denn der gibt
Ihm erst den ganz speziellen Look
Und macht ihn dadurch unbeliebt.

Na, liebe Lyrophobiker, ist das etwa kein Gedicht? Machen wir ausnahmsweise mal eine kurze Formanalyse: Wir haben zwei Strophen à vier Verse mit je vier Hebungen im umarmendem Reim nach dem Schema ABAB. Erkennbar wird diese Form aber erst durch das Druckbild. Zugleich *kann* man die beiden Sätze auch so lesen, als seien sie … na ja, eben zwei ganz gewöhnliche Sätze. Tarnlyrik. Und wer sich jetzt beschummelt fühlt und denkt: »Moment mal, bloß weil man ein Stück Text in ein anderes Druckbild quetscht, ist es noch lange kein Gedicht«, der hat offenbar noch keine moderne Lyrik gelesen.

Noch deutlicher wird der Unterschied, wenn man Lyrik laut liest. Der Anblick der Versform löst bei vielen Menschen einen eigenartigen Effekt aus: Er veranlasst sie, in jenen abgehackt stampfenden Sprechrhythmus zu verfallen, der aus jedem Gedicht ein monotones

<u>NA</u>na <u>NA</u> na <u>NA</u>na <u>NA</u>
<u>NA</u> na <u>NA</u>na <u>NA</u>na<u>NA</u>

macht – mit einer extrastarken Betonung auf dem letzten »NA«, damit auch wirklich jeder Depp den Reim mitbekommt. Fehlt nur noch das *Tätä! Tsching-Bumm.* Vielleicht geschieht das aus Trotz, vielleicht ist es das Stimme gewordene Aufstampfen mit dem Fuß, so als wolle man viel lieber schreien:

Ich <u>HAb</u> jetzt <u>KEInen</u> <u>BOck</u> auf <u>LYrik!</u>

Oder die Versform wirkt wie ein Warnhinweis:

> **Achtung, das hier ist nicht irgendein daher-
> gelaufener Text! Er hat Rhythmus, Versmaß
> und Reime, und so möchte er bitte auch ge-
> lesen werden, schließlich hat sich jemand
> etwas dabei gedacht!**

Ein ähnliches Phänomen kann man in Discos beobachten, wenn der DJ bestimmte 80er-Jahre-Hits auflegt: Plötzlich machen alle den Robot-Dance – obwohl der damals schon genauso dämlich ausgesehen hat.

Menschenskinder, ein Gedicht ist doch kein Schnitzel, das man mit dem Holzhammer platthaut! Sprüche sind zum Klopfen da, Phrasen zum Dreschen, aber Verse – Verse müssen fließen. Komischerweise haben gerade Lyrikmuffel sehr genaue Vorstellungen davon, wie ein Gedicht angeblich auszusehen hat. Darum mag das obige Beispiel nicht so recht dem entsprechen, was sie von Lyrik im klassischen Sinne erwarten. In der Qualitätskontrolle für Dichtungserzeugnisse bekäme es kaum das Goethe-Siegel »100 % Naturlyrik« – und zwar nicht nur deshalb, weil es kein Naturgedicht ist. Nein, für das, was man gemeinhin unter Lyrik versteht, ist es schlicht nicht verschwurbelt genug.

So besser?

> *Faktisch ist es nämlich nicht*
> *Der Reim am Ende jeder Zeil',*
> *Der sorgt fürs schmollend' Angesicht*
> *Und auch für Frust und Langeweil'.*

Oh nein! Allein, es ist der Druck –
Der Zeilenumbruch, der dem Text
Verleiht des Verses Form als Schmuck,
So dass du dich vor ihm erschreckst.

Die Grammatik durch den Wolf gedreht, die Ausdrucksweise verkompliziert, die Reime schön herausgestellt, dazu ein wenig Genitiv und eine Prise Apostrophe – ja, so kriegen wir das Ding durch den Vers-Braucher-Schutz. Solche Zeilen lassen sich stampfen, bis Butter draus geworden ist, solche Verse kann man *deklamieren!*

Es sind genau diese Klischees – die umständliche Sprache und der Mono-Tonfall –, die vielen Menschen den Appetit auf Gedichte verderben. Auf einmal steht der gesamte Text rhythmisch und sprachlich im Dienste des Reims – fast so wie im Hip-Hop, wo er häufig nur noch ein Schaufenster für hochkarätige Reime ist. Der Inhalt spielt eine untergeordnete Rolle, auch Silbenzahl und Versmaß haben höchstens einen Gastauftritt, denn der Superstar heißt Endreim:

Yo, wenn Dichter zu Werke geh'n,
Sind 's nicht die Reime der Verszeile,
Von den'n die Haare zu Berge steh'n
Wie durch sehr geile Hairstyle.

Mann, es ist bloß das Druckbild,
Dieses spießige Ausseh'n,
Das bei Gedichten als Schmuck gilt –
Doch hey, ich kann es nicht aussteh'n!

Das hat etwas von Sprücheklopfen – nicht ohne Grund heißt ›rappen‹ wörtlich übersetzt so viel wie »klopfen«. Doch all das muss nicht sein. Wie das erste Beispiel gezeigt hat, gibt es auch eine andere Art zu reimen. Eine unprätentiöse Art, bei der die Reime nicht auf dem Rest des Gedichts herumtrampeln, sondern leichtversfüßig daherkommen. Eine nonchalante Art, die fast wie nebenbei, ganz zart die Wirkung eines Texts verstärkt, doch ohne dass man es bemerkt. Na, wer findet das Gedicht in diesem Absatz?

Je näher Lyrik sprachlich und rhythmisch an der Alltagssprache bleibt, desto natürlicher klingt sie auch. Ideal ist ein Gedicht meiner Meinung nach dann, wenn es überhaupt nur durch das Druckbild als solches zu erkennen ist. Vielleicht habe ich dieses Ideal in meinen Texten nicht immer erreicht, aber das ist kein Grund, es nicht weiter zu versuchen. Wenn weniger Menschen beim Verfassen und Lesen von Gedichten in einen anderen Sprachmodus schalten würden, gäbe es auch nicht so viele, die schon der bloße Gedanke an Gedichte vergrault. Anders ausgedrückt: Je weniger künstliche Inhaltsstoffe, desto geringer das Risiko einer allergischen Reaktion!

Mein Tipp:

Nachschlagen ist keine Schande! Wer mehr über Reimformen, Reimschemata und ihre Anwendung wissen möchte, dem lege ich ein Reimlexikon ans Herz. Das ist ein kleines, handliches Büchlein, das ein wenig an eine Taschenbibel erinnert, die Nahkampfwaffe jedes Mormonen. Es hat den Vorteil, dass es neben all den theoretischen Details auch noch einen Haufen Reime enthält. Alphabetisch aufgelistet, nach Endsilben sortiert.

Ein handliches Reimlexikon ist bei Reclam erschienen – sowohl in Buchform als auch als Software: **Reclams Reimlexikon***, herausgegeben von Willy Steputat.*

Unter Poetry Slammern sind solche Hilfsmittel verpönt – zu Unrecht, wie ich finde. Denn ein Reimlexikon ist nicht bloß ein Nachschlagewerk, sondern in erster Linie eine Quelle der Inspiration. Die Eigenleistung liegt nicht nur darin, einen Reim zu finden, sondern darin, ihn sinnvoll in ein Gedicht einzubauen (siehe **Pimp my rhyme!***, S. 196). Es ist wie in der Liebe: Nicht jeder, der sexy Unterwäsche kaufen kann, ist deshalb ein guter Lover!*

▓ Reim oder nicht Reim, das ist hier die Frage!

Ein Onkel von mir liebte Senf. Also aß er ihn ständig. Zu allem. Wenn ich ein Attribut benennen sollte, das ihn charakterisierte, dann wäre es Senf. Als ich in Weißrussland auf Tour war, musste ich oft an ihn denken, denn dort konsumierte man mit vergleichbarem Eifer Mayonnaise. Ich war aufrichtig erstaunt, zu erfahren, was man alles mit Mayonnaise essen kann: Reibekuchen, Gemüse, Nudeln, Salat – Pizza! Sogar unter die Käsekruste eines überbackenen Schnitzels hatten die Schelme welche geschmuggelt. Im Supermarkt besaß die Mayonnaise ein eigenes Regal – rund fünfzig verschiedene Sorten, wie es der Connaisseur erwartet: »Oh, eine 1957er, sehr guter Jahrgang, habe ich neulich verkostet auf meinem Mayonnaisen-Seminar …« Arbeiter aller Länder, esst Mayonnaise! Und mittendrin ich, der ketchupitalistische Klassenfeind von der anderen Seite des *Eiernen Vorhangs* …

Ich will nicht über die Essgewohnheiten anderer Kulturen spotten, aber man kann alles übertreiben. Auch wenn etwas noch so gut schmeckt, muss man nicht alles blind damit zuspachteln. Das gilt auch für Reime. In der Lyrik ist der Reim das Sahnehäubchen auf der Wortetorte, das Ohr d'heuvre zur Novelle Blau. Das bedeutet aber nicht, dass sich jedes Gedicht zwingend reimen muss – so wie es auch Gerichte gibt, zu denen Senf oder Mayonnaise einfach nicht passen. Und ich weiß, wovon ich spreche, denn ich musste sie essen!

Zwar muss ich gestehen, selbst kein großer Freund der freien, ungereimten Lyrik zu sein, aber das betrifft lediglich das eigene Schreiben. Wenn ich mich an ungereimten Versen versuche, wirkt das Ergebnis immer wie ein Tagebucheintrag, ein gefühlsduseliger Tagebucheintrag,

                              bei dem
              die
                                      Return-
      Taste
      einen W ac k e lk o nta k t
              hatte.

Dabei hat es reimfreie Lyrik unter Umständen sogar schwerer.
Wer hatte nicht schon mal einen Kollegen – gut aussehend, immer schick gekleidet, aber unfähig bis unter die perfekt gestyl-
ten Haarwurzeln –, der der Liebling vom Chef war, selbst wenn
er den größten Mist gebaut hat? Auch ein grottenschlechtes
Gedicht, das mit schicken Reimen auftrumpfen kann, wird
oft besser bewertet als richtig gute Lyrik, die sich nicht reimt.
Das ist das Fast-Food-Prinzip:

> *Ist des Menschen Futter fad,*
> *Frisst er 's doch – mit Glutamat!*

Etwas Witziges zu schreiben ist in Reimform einfacher, weil dadurch ein gewisser Sprachwitz hinzukommt. Aber Reime sollten nicht als Geschmacksverstärker missbraucht werden. Jeder
muss für sich selbst herausfinden, ob er ein Reimer ist oder
nicht. Aus eigener Erfahrung weiß ich: Manche Ideen kommen
in ungereimter Form zur Welt, und auch solche Ideen wollen
geliebt werden. Sollten sie irgendwann feststellen, dass sie im
falschen Textkörper geboren worden sind, kann man sie immer noch umoperieren …

208

Drama Sutra

Da sitz' ich und möchte Gedichte verfassen,
Doch hat meine Muse im Stich mich gelassen.
So viel ich auch bettel', mein Zettel liegt brach –
Das Fleisch ist zwar willig, der Geist ist zu schwach!

Wir hätten uns längst auseinandergelebt,
Und dass es ja außer mir andere gäb',
Schrie sie im Gehen – mit uns es sei aus,
Sie behielt' die Ideen, mir blieb' ja das Haus …

Dann nahm sie die Koffer – und ich als geschockter
Poet lieg nun hier auf dem Sofa: »Herr Doktor,
So litt die Beziehung noch nie an 'ner Krise!«
Der Doktor empfiehlt: Poesie-Analyse …

Doktor: »Das alles klingt wenig harmonisch –
Ist denn die Partnerschaft chronisch platonisch?«
Poet: »So ein Stuss! Zu Beginn der Armour
Bracht' schon ihr Kuss mich auf LiteraTour!

Doch kam nach der Schonzeit Gewohnheit, und jetzt
Haben wir nur noch ganz selten mal … Text.«
Doktor: »Und hat sie gesagt, was der Grund war?«
Poet: »Ja, der Takt sei zu öde – rauf-runter …

Nur Heben und Senken, die Reime zu rein,
Am Schluss die Moral – so was enge sie ein,
Drum habe sie, wenn nicht ekstatisch erregt,
Den dramatischen Höhepunkt einfach gefaket.

Und trotzdem, Herr Doktor – verführte sie mich,
Dann spürte ich mich als mein *lyrisches Ich!*«
»Persönlichkeitsspaltung und darum zerstreut«,
Deutet der Paartherapeut voller Freud'.

»Und wenn sie dir wegläuft, die Muse, dann plärrste?«
Poet: »Nein, ich fangse und sperrse in Verse!«
»Die Lösung!«, verkündet der Doktor frenetisch,
»Du *bist* nicht poetisch, du hast bloß 'n Fetisch

Für Wohlklang, und darum blockiert in der Rübe dich
Streng als Kontrollzwang dein *lyrisches Über-Ich!*
Manch ein Poet übersah dies Symptom
Und erkrankte am Lit'ratourette-Syndrom …«

Poet: »Und was heilt solch neurotisches Treiben?«
Doktor: »Ganz klar: therapeutisches Schreiben.«
Poet: »Aber wie denn – ganz ohne die Muse!?«
Doc: »Küsst die Muse nicht dich, dann küss' *du* se!«

210

So schreib ich der Muse ein Liebesgedicht,
Doch scheint meine Hand nur auf Triebe erpicht:
Die Zeilen, die einstmals so brav und Sonett,
Sträuben sich gegen das Strophenkorsett.

Mein Vers, er verselbständigt sich unentwegt,
Als sich das *lyrische Es* in mir regt:
»Dass ich endlich aus der Verbannung durfte!
Und jetzt, Muse, zeig' mir deine scharfe Spannungskurve,
Ich will dir den Stoff
Von deinem heißen Textkörper reißen,
Und dich schroff
Auf meine weiße Matrize schmeißen,
Dir die Fußnoten kneten – und was willst du so?
Blümchenpapier? Oder Sado-Muso?«

Da gibt protestierend das Über-Ich Laut:
»Taktvoller, bitte – als Vers, nicht *vers*aut!
Wahre gefälligst die Form und das Versmaß!«
Es: »Ach, pfeif auf die Norm, dann macht Dichten erst Spaß!«

Und plötzlich entbrennt mit Gequengel und Zweifel
Ein Zweikampf gleich dem zwischen Engel und Teufel!

Über-Ich: »Muse, ich kleid' dich in Worte,
Mit blumigen Ausdrücken kostbarster Sorte
Und leg' aus ironischen Spitzen den Saum an …«
Es: »Au Mann, geht's *noch* verklemmter!?
Ich bin da enthemmter,
Erschein' nicht als Traummann,
Sondern im Blaumann als Klempner!«

Über-Ich: »Muse, ich führ' dich mit Witz
Aus dem Rotstift-Milieu, und dann nehm' ich Notiz …«
Es: »Was heißt hier *no tits!?*
Raus aus dem Füllfederhalter, Schnecke –
Und ich frag: *Warum liegt 'n da Stroh in der Ecke?*«

Über-Ich: »Hast ja im Kopf auch nur Stroh!«
Es: »Was sein mag,
Doch begehr' ich dich ehrlich vom Schopf bis zum Po!
Und so vergeht *kein* Tag,
An dem ich nicht träum' von 'nem Mindfuck …!«

Über-Ich: »Nein, der morallose Wicht
Vernichtet nun auch die Moral der Geschicht'!«
Es: »Na und? Wer will ein normales Gedicht?
Du gehst in die Offensive gleich,
Und spielst mit dem Genitivbereich,
Bis du mich anrührst,
Übers Papier meine Hand führst,
Und ich dann merk',
Schreiben ist echt 'n *Hand*werk,
Und deine Message zart mich berührt – Jaaa!
Ups … Vorzeitig artikuliert!«

Poet: »Als ich zu mir komm, steht mir der Schweiß auf der Stirn,
Doch ich glaube, jetzt hab ich den Scheiß aus dem Hirn.
Der Doktor klatscht Beifall: ›Austherapiert!‹
Offenbar hab ich im Rausch phantasiert,
Denn als ich genau hinschau’,
Ist *dieses* Gedicht auf die Couch hingeschmiert.
Einfach so. Aus dem Bauch raus. Nicht ewig gefeilt.
Der Doktor bläst Rauch aus und nennt mich geheilt.
Und ich glaube, auch *ich* hab es endlich gepeilt:

Gönn’ deinen Zeilen mal öfter statt Grips Sex –
Und schon ist die Muse nicht länger die Tipp-Ex.
Das wird mir klar auf dem Weg aus der Praxis:
Text ist nur gut, wenn er schmutzig gemacht ist!«

Kapitel 7
Spiel mir das Lied vom Wort

Wäre er bloß zu Hause geblieben …

Einige Menschen behandeln Sprache, als sei sie etwas Unantastbares, etwas, das man nur in der dafür vorgesehenen Art und Weise benutzen darf. Sie scheinen zu glauben, dass man ertaubt oder einem die Zunge abfault, wenn man an seiner Sprache herumspielt. Doch ob allein oder mit einem Partner – das Bedürfnis, seine Wörter spielerisch zu erforschen, ist nichts Unanständiges. Es gibt keinen Grund, sich dafür zu schämen, auch wenn es uns die orthographisch-orthodoxen Silbenwächter in ihren Nomenklostern einreden wollen. Miteinander zu reden bedeutet weit mehr als einen Austausch von Schlüssigkeiten. Ein sinnliches Wortspiel hilft, den Gesprächspartner und seine Vorlieben besser kennenzulernen, es steigert die Lustigkeit und sorgt für mehr Spaß zu zweit. Oder zu dritt ... oder zu viert ... oder zu fünft ...

> **Inhalt:**
> *Ein unerwartetes Wiederhören – Verbaler Ungehorsam – Clown zum Frühstück – P im L – Kalauer: Die Mutter aller Witze – Die Stirnfalte, die Straßenbahn und das Päckchen Zigaretten – Das Niveau sinkt! Frauen und Kinder zuerst! – Gib den Tieren Namen*

▉ Keine Angst – die will nur spielen!

Wie ich an anderer Stelle schon erzählt habe, hatte ich in meiner Jugend eine Phase, in der ich unaufhörlich mit Wortspielen um mich geworfen habe. Wenn Ihr glaubt, die Wortspiele in *diesem* Buch seien schlecht, dann seid dankbar, dass Ihr mich damals nicht kanntet. Es muss sehr anstrengend gewesen sein.

Egal, ob in der Schule, in der Freizeit oder beim Jobben – keine Doppeldeutigkeit war vor mir sicher. Einem Kollegen, den ich nur flüchtig kannte, brachte ich meine Philosophie der angewandten Sprachspielerei etwas näher, ohne mir viel dabei zu denken. Ein paar Jahre später – ich war inzwischen etwas zur Ruhe gekommen – rief er mich aus heiterem Himmel wieder an. Ich konnte keine zwei Sätze mit ihm wechseln, ohne dass er mir ein Wort im Mund verdrehte. Er war genau wie ich einige Jahre zuvor! Es war, als hätte das Universum eine Kopie von mir angelegt, um sie mir nun mahnend vor Augen zu führen. Dr. Frankenstein kniete vor dem Labortisch und rang die Hände. Was hatte ich getan …?! Ich konnte es kaum fassen: Ich hatte ich einen Jünger! Aber das sagte ich natürlich nicht laut, sonst hätte er womöglich geantwortet: »Stimmt nicht – ich bin ein Älter …«

Wenn Sprache unser Bild von der Welt bestimmt, dann hat das Spiel mit ihr einen ähnlichen Effekt wie ein Laserpointer im Kino: Es stört, irritiert – und bei einigen hinterlässt es bleibende Schäden. Ich habe deshalb lange überlegt, ob ich es wirklich verantworten kann, Menschen zu Sprachspielereien anzustiften – sowohl im Interesse des Einzelnen als auch der Allgemeinheit. Übertriebene Anwendung führt im einen Extremfall zu sozialer Isolation, im anderen zu Karnevalsvereinen.

Wozu also? Es gibt kein stichhaltiges Argument, das dafür spricht. Aber es existiert auch kein vernünftiger Grund, zweiundzwanzig schwitzenden Männern zuzuschauen, wie sie einen aufgeblasenen Ledersack abwechselnd in ein Netz treten, und trotzdem machen es Millionen. Vielleicht ist das ja das beste Argument dafür, etwas zu tun: weil es Spaß macht – egal, wie stark die Vernunft ihren Eierkopf gegen die Wand schlägt.

Für mich war das Spiel mit der Sprache in der Pubertät vor allem eins: Protest! Mit sechzehn, siebzehn trug man seine Aufsässigkeit stolz zur Schau wie ein Hypochonder seine Narbenkollektion. Man pflasterte seine Kleider mit Aufnähern (die Jungs *Iron Maiden*, die Mädchen *Hello Kitty*), entstellte seine Haare (die Jungs ließen sie wachsen, die Mädchen schnitten sie ab) und zickte alle an, die man nicht verstand (die Jungs die Mädchen, die Mädchen die Jungs). Ich dagegen pflegte meine eigene Form des Widerstands: Ich brach die Regeln der Sprache und der Kommunikation! Ich nahm einfach nichts ernst und raubte der Welt damit den Sinn, den sie in meinen Augen sowieso nicht ergab. Ich rebellierte auf der Meta-Ebene. Ich nahm alles wörtlich, erfand Nonsens-Wörter, trennte und setzte sie zusammen, wie es mir gefiel – nach dem Motto: »Wer zweimal das st nicht trennt, gehört schon zum st-blishment!«

Eine Prise davon ist auch abseits des pubertären Aufbegehrens durchaus gesund. Wer eine gewisse ironische Distanz aufrechterhält, läuft nicht so leicht Gefahr, sich selbst zu ernst zu nehmen. Wortspiele sind verbaler Ungehorsam! Schließlich leben wir nicht in einem Diktat, sondern wählen unsere Worte selbst. Da darf man schon mal ein paar Regeln brechen.

Natürlich in Maßen – wir brauchen ja nicht gleich eine Weltrevolution. Sprachspielerei um jeden Preis hat etwas Würdeloses. Wer an jeder Äußerung rüttelt, um zu schauen, ob sich

Heute schon 'n Clown gefrühstückt …?

ihre Bedeutung verbiegen lässt – und sei 's zur Not mit Gewalt –, der geht auf die Nerven, nicht auf die Straße. Dann marschieren die autonomen Nomen von der außerparlamentarischen Apposition auf und grölen lauthals die Interjektionale: »Wörter, stööört daaas Verbaaale, auf zum leeetzteeen Gespräääch!!« Das Hirngespinst des Kommunikationismus geht um …

Wie das klingt, führte mir der Anrufer aus der Vergangenheit vor Augen und Ohren. »Ahahaha«, wollte ich ihn besänftigen, »du hast wohl 'n Clown gefrühstückt, was?« – »Clown gefrühstückt?«, kam es durch den Hörer zurück, »Quatsch, ich hab keinen Clown gefrühstückt – ich musste mir mein Frühstück klau'n …!«

Wie gesagt, würdelos.

Für Menschen über 18 nicht geeignet

Die Möglichkeiten, den Stoff, aus dem die Worte sind, zu modellieren, sind schier unerschöpflich. Doch ob Anagramm, Palindrom, Stabreim, Kofferwort oder Lautmalerei – fast alles, was über die nüchtern-pragmatische Alltagskommunikation hinausgeht, was Sprache spielerisch zum Einsatz bringt oder gar in den Verdacht geraten könnte, albern zu sein, wird häufig als kindisch abgetan. »Ich brauch kein Palindrom«, schüttelt der Rentner abfällig den Kopf und dreht sich um. »Was soll ich mit Anagrammen?«, winkt der Manager-Man spöttisch ab und beugt sich über sein Sudoku. Dabei ist ein Anagramm auch nichts anderes als Sudoku mit Buchstaben. »Ach«, denkt der Freizeitpädagoge, »für Kinder reicht es allemal!«, und recycelt das ganze Paket als Beschäftigungstherapie auf dem nächsten

Kindergeburtstag. Aber wer Sprachspiele für Kinderkram hält, sollte sich durchaus auf Überraschungen gefasst machen – nicht immer sind sie so jugendfrei, wie sie erscheinen:

Während meiner Uni-Zeit besuchte ich ein Wochenend-Seminar zum Thema Wortspiele. Der Dozent war ein weißhaariges altes Männlein, das sehr an jenen Sesamstraßen-Professor erinnerte, der ständig beim Reden einschläft. Mit euphorischer Emsigkeit demonstrierte er Sprachspiele für den Grundschulunterricht. Ganz besonders hatte es ihm ein Ratespiel angetan, bei dem man Begriffe graphisch darstellte, indem man nur den Anfangs- und Endbuchstaben schrieb. So wurde ›laufen‹ zu einem L, das auf einem N stand, also »L auf N«. Ein D, das sich an ein W schmiegte, stand für ›Wand‹ (»W an D«) und so weiter. Er fand das unglaublich lustig und geistreich, und von uns Studenten brachte es keiner übers Herz, ihn vor den Kopf zu stoßen. Also nickten wir höflich, lächelten und spielten mit. Bis wir das letzte Beispiel in der Reihe kommen sahen: ein P, das in der Schlaufe eines Schreibschrift-Ls stand.

P im L.

Die lächelnden Mienen gefroren. Unsichere Blicke huschten hin und her. Vor allem die Studentinnen wurden unruhig. Konnte das sein? Konnte dieses liebenswerte alte Männlein, das uns Wortspiele zur Bespaßung unverdorbener Grundschulkinder beibrachte, konnte dieses harmlose Großväterchen tatsächlich das meinen, woran alle dachten? *P im L?!* Ohnmächtig sahen wir zu, wie der Kapitän das Seminarschiff auf einen Eisberg der Peinlichkeit zusteuerte. Alle Augen hingen an seinen Lippen, erfüllt von ungläubigem Entsetzen und doch unfähig, im Angesicht des Grauens wegzusehen. Die Zeit schien sich zu verlangsamen, sich in Sirup zu verwandeln, als sich seine Lippen teilten, der fusslige weiße Schnauzbart sich hob, und er sagte: »Gut, das letzte Beispiel ...«

Alles hielt den Atem an.

»Na, das versteht sich ja eigentlich von selbst. Ich denke, darüber brauchen wir nicht zu reden. Kommen wir zum nächsten Spiel!«

Gerettet. Die Spannung entlud sich in einem dankbaren Aufatmen. Mit knapper Not waren wir an einem Gespräch der Sorte Wenn-das-Bienchen-mit-dem-Blümchen vorbeigekommen. Das Schiff war auf Kurs, Leonardo DiCaprio hatte überlebt.

Aber im Universum existiert ein ungeschriebenes Gesetz, dem zufolge jede verschlossene Tür geöffnet, jede verbotene Frucht probiert werden *muss*. Und so fanden wir uns ohne Absprache nach dem Kurs bei unserem Dozenten wieder. Ob er uns nicht doch sagen könne, was das letzte Beispiel seiner Meinung nach bedeute? Das P ...? Mit dem L ...? »Natürlich«, nickte er, aufrichtig gerührt von so viel Interesse, und blickte uns treuherzig an, »das heißt ›Lump‹. ›L um P‹ – was haben *Sie* denn gedacht?«

Ich glaube, ›L um P‹ beschreibt ziemlich genau das, was jeder Einzelne von uns an diesem Tag von sich selbst dachte, als wir auseinandergingen ...

In der Bahn:
»Könnten Sie das Fenster zumachen? Es zieht.«
»Kein Wunder, Sie sitzen ja auch im Zug …!«

Man kann sie nur lieben oder hassen: Kalauer, Schenkelklopfer, Flachwitze. Wer dieses Buch bis hierhin in einem durchgelesen hat (Glückwunsch übrigens!), dürfte bemerkt haben, dass ich persönlich zu denen gehöre, die ihnen nicht widerstehen können – das habe ich sogar schriftlich. Mein Deutschlehrer (da ist er wieder!) schrieb mir an den Rand einer Klausur: »Du hast eine deutliche Neigung zum Kalauern!« Ich bin mir bis heute nicht sicher, ob er das als Kompliment gemeint hat, doch für mich war es damals ein Triumph!

Was genau ist ein Kalauer? Zuerst mal: nicht so schlecht wie sein Ruf. Genauso wie nicht jedes Wortspiel ein Witz sein muss, basiert nicht jeder Kalauer auf einem Wortspiel. Es gibt lediglich eine große Schnittmenge. Aber das Faszinierende am Kalauer ist etwas anderes.

Der klassische Witz funktioniert folgendermaßen: Er etabliert eine Situation, die auf überraschende Art und Weise gedreht wird und unsere Erwartungshaltung zerdeppert. Scherben bringen Glück – vor allem, wenn sie andere verursachen. Unter den Trümmern kommt etwas zum Vorschein, das die Situation völlig umdeutet – so wie die bekannte Zeichnung einer Vase, die sich, wenn man sie lange genug anstarrt, in zwei spitzlippige Liebende verwandelt. Ein Kalauer vollzieht diese Kehrtwende meist auf der formalen Ebene. Er bricht mit Konventionen – beispielsweise mit der Wortbedeutung:

Sagt der Gast:
»Herr Ober, da ist eine Fliege in meiner Suppe!«
Sagt der Ober:
»Das kann nicht sein, der Koch trägt nur Schlipse.«

Darum sind Kalauer oft auch so unbeliebt: Man hat das Gefühl, bei der Pointe beschummelt zu werden. Man freut sich
auf die Waschmaschine, es kommt aber nur der Zonk. Statt
durch einen geistreichen Knalleffekt wird die Erwartung auf
der sprachlichen Ebene gebrochen, wie hier durch das Spiel
mit der doppelten Bedeutung der Fliege. Das scheint unheimlich naheliegend – und gerade deshalb erwarten wir die Pointe
an anderer Stelle.

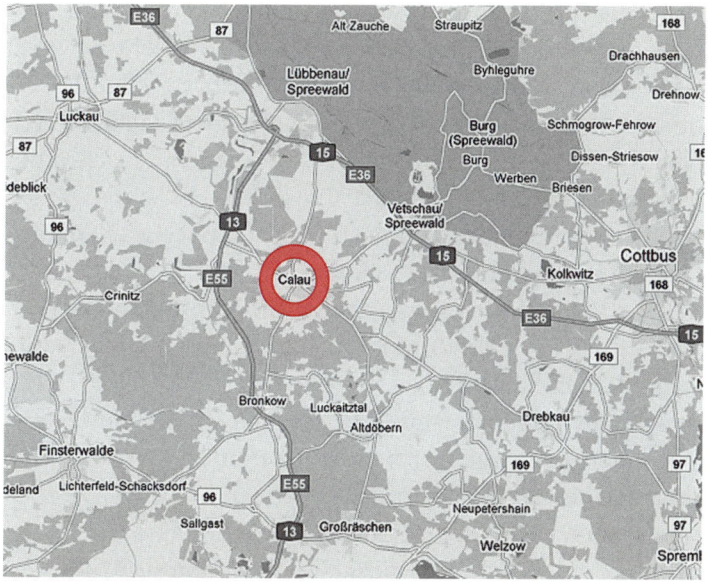

Mitten zwischen Cottbus und Finsterwalde: Hier kommen die Calauer her.

Der Kalauer schert sich nicht um diese Erwartungshaltung – und genau das macht ihn genaugenommen zu einem Witz höherer Ordnung: Er bricht nicht nur mit der Situation, die er vorher aufgebaut hat, sondern auch mit der Erwartung, die wir als Leser an den Witz als solchen haben. Sein Knalleffekt irritiert also gleich doppelt: sowohl was die Farbe des Feuerwerks betrifft als auch bezüglich der Richtung, aus der es gezündet wird. Kalauer sind Meta-Witze! Und weil die Sprache nur so wimmelt von Metaphern und Ausdrücken, die bildlich gemeint sind und sich wörtlich nehmen lassen, (ka-)lauern sie überall.

Die meiste Zeit über sind wir uns kaum bewusst, wie sehr unsere Wahrnehmung und unser Alltag durch Gewohnheiten und Konventionen bestimmt werden. Wie ein siebter Sinn gestaltet die Sprache unsere Welt mit: Sehen, Hören, Tasten, Riechen, Schmecken, Ahnen, Sich-im-Straßenverkehr-Bewegen (»Der siebte Sinn«) – und *Begreifen*. Mit der großen Etikettiermaschine, die unser Gehirn ist, *greifen* wir Teile der Welt heraus, stopfen sie als Be*griffe* in Schubladen und machen mit Hilfe der Sprache aus Eindrücken Ausdrücke. Es ist, als würden wir die Welt vorkauen, um noch schneller noch größere Brocken auf einmal schlucken zu können.

Die meisten Leute werden nur nicht gern daran erinnert, weil sie das *für selbstverständlich halten*. Ein Computer wäre auch nicht froh, wenn man ihm ständig ins Gedächtnis riefe, dass er mit Windows läuft. Also schalten wir auf Automatik. Wir laufen im Energiesparmodus mit minimaler Prozessorleistung und beschummeln uns selbst. Schwindel inside. Dadurch werden uns viele Konventionen so geläufig, dass wir sie gar nicht mehr als solche erkennen. Sie entwickeln sich zu wohnlichen Gewohnheiten, in denen wir zu geistigen Stubenhockern verkommen. Und wenn uns ein Kalauer mit der Nase darauf stößt, braucht es oft eine ganz Weile, bis wir überhaupt merken, wo er sie uns gebrochen hat:

»Wo starten Zugvögel nach Afrika?«
»Natürlich am Bahnhof.«

Kalauer sorgen für Störungen im Betriebsablauf. Sie sind die sechzehnjährigen, pickligen Hacker, die den ganzen Tag lang im Keller hocken und nach Sicherheitslücken in unserem Kommunikationssystem suchen. Auf dem mentalen Trott(oir), den unsere Gedanken täglich beschreiten, sind sie die Stolpersteine, die Wirbel in unserem Redefluss, die Unbewusstes an die Oberfläche spülen. Damit besitzen sie eine philosophische, ja fast schon spirituelle Dimension. Keine Sorge, ich werde nicht gleich die Kalauerkirche ins Leben rufen (»Kommt Christus ins Nagelstudio …«). Aber wenn Geben seliger ist denn Nehmen, dann ist es noch seliger, etwas als gegeben zu nehmen. Deswegen sagen wir auch ›Wahrnehmung‹: weil wir das, was wir wahrnehmen, als wahr annehmen. Kalauer hingegen spielen mit dem, was wir als selbstverständlich erachten. Sie gucken hinter den Wandteppich, mit dem wir die Risse im Mauerwerk abhängen, sie kratzen am Heiligenbild und hauen auf den Putz. Auch bei Erzählkonventionen:

Sagt der Gast:
»Herr Ober, da ist eine Fliege in meiner Suppe!«
Sagt der Arzt:
»Sie sind im falschen Witz.«

Zugegeben, über Humor kann man streiten – aber zumindest *theoretisch* ist das ein Mörderlacher! Die erste Zeile etabliert eine Situation und weckt zugleich eine Erwartung hinsichtlich der Erzählkonvention, des Genres: »Ach ja, Oberwitz. Kenn ich.« Der Arzt, der unerwartet auftaucht, bricht nicht nur mit dem erwarteten Schema, sondern nimmt dann auch noch inhaltlich Bezug auf die Tatsache, dass es sich um einen Witz handelt. Das ist schon mehr als ein Kalauer, ein bloßer Meta-Witz, das ist ein Meta-Kalauer. Und wenn er trotzdem keinen überragenden Lacher erzielt, dann ist *das* möglicherweise die größte Pointe überhaupt – nämlich die, dass man auch als Gagautor die Erwartung haben kann, den größten Kracher schlechthin zu landen, und doch nur ein gequältes Lächeln erntet. Aber das ist leider nicht besonders witzig.

Die besten Pointen schreibt sowieso das Leben selbst. Habt Ihr nicht auch manchmal das Gefühl, dass irgendwo da oben jemand sitzt, der sich Späße ausdenkt? Es gibt Momente, in de-

Grausame Natur: Der Spaßvogel hat einen Witz gerissen.

nen scheint es, als wolle uns jemand zuzwinkern, uns aufmuntern: Vor dem Spiegel bemerkte ich eines Tages, dass sich auf meiner Stirn eine steile Falte zwischen den Augen gebildet hatte. Ich war entsetzt! Den ganzen Tag lang mochte ich mich nicht leiden und wäre niemandem unter die Augen getreten, hätte ich nicht einkaufen müssen. Und weil subjektive Wahrnehmung immer funktioniert, starrte wirklich jeder, der mir entgegenkam, wie gebannt auf meine Stirnfalte. So saß ich mit gesenktem Kopf in der Straßenbahn und haderte – womit ich die Falte womöglich noch vertiefte, schließlich ist eine Stirnfalte vor allem ein Denk-Mal. Als ich ausstieg, fand ich mich vor dem Werbeplakat einer bekannten Zigarettenmarke wieder. Ich schwöre, ich habe dieses Plakatmotiv vorher nicht gekannt und danach nie wieder gesehen. Ich bin überzeugt, es existierte nur ein einziges Exemplar, und das hing an diesem Tag allein für mich an der Haltestelle. Es zeigte zwei völlig zerknautschte Zigarettenpackungen, und darüber stand: »Wer keine Falten hat, der hat auch nichts erlebt!«

In diesem Sinne: Mut zum Kalauern! Das trainiert das Querdenken und hält den Geist wach – und sei es, indem es auf denselben geht. Stellt Euch an die nächste Straßenecke, fangt eine Kurvendiskussion an und macht dann die Biege! Wer häufiger um die Ecke denkt, ist vielleicht kein gradliniger Typ mehr, aber er versucht wenigstens keine krummen Touren.

Haltet Augen, Ohren, Kopf und Herz offen, dann bemerkt Ihr auch all die kleinen Scherze, die das Universum wie Ostereier für uns versteckt hat. So wie den 10-Kilo-Sack Reis, den ich im Asialaden um die Ecke entdeckt habe. Das Ding ist wiederverschließbar – es hat tatsächlich einen Reis(s)-Verschluss …!

Manchmal frag ich mich, wie kamen
Tiere wohl zu ihren Namen?
Hamster hamstern, Igel igeln –
Scheint, als würd' der Name spiegeln,

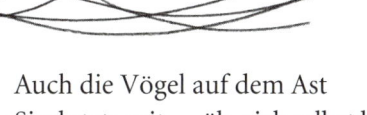

Was der Tiere Taten sind:
Die Fliege fliegt, die Spinne spinnt –
Und im Bach der Biber bibbert,
Wenn es kälter, als er 's lieb hat.

Auch die Vögel auf dem Ast
Sind stets mit … äh, sich selbst befasst.
Es schafft das Schaf, der Adler adelt 's,
Und die Antilope tadelt 's.

Wie? Ist jetzt die ganze These
Dank der Antilope Käse?
Nein – sosehr der Mops sie mobbt,
Sie tadelt doch: sie anti-lobt!

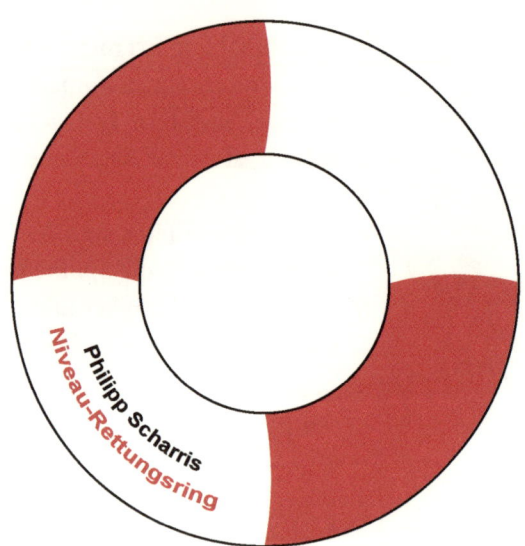

☐ **Philipp Scharris Niveau-Rettungsring:**

Philipp Scharris
Niveau-Rettungsring

Und so geht's:

Das Niveau sinkt – Frauen und Kinder zuerst! Der Rettungsring lässt sich wunderbar im Alltag als Rote Karte verwenden – oder als Partyspiel: Niveau-Rettungsring kopieren, auf Pappdeckel kleben und ausschneiden. Eine Landkarte von Brandenburg besorgen, Calau ausfindig machen und eine Bierflasche draufstellen (für Kinder: eine Flasche Limo!). Jedes Mal, wenn die verbalen Gewässer zu flach werden, muss der Verantwortliche versuchen, einen Niveau-Rettungsring aus angemessener Entfernung über den Hals der Flasche zu werfen. Schafft er es, ist das Niveau gerettet. Schafft er es nicht, muss er einen Zug aus der Flasche nehmen, damit es nicht absäuft. Prost!

Kapitel 8
Möge die Sprache mit Euch sein!

Wer kennt sie nicht, die Plakat-Tiere, die im Schutz der Dunkelheit überall ihre klebrigen Botschaften hinterlassen?

▮ In diesem Kapitel

In den bisherigen Kapiteln haben wir unseren Blick auf das kreative, schöpferische Potential der Sprache beschränkt. Doch wie so viele andere Dinge auf der Welt hat auch sie eine Schattenseite, eine zerstörerische Kraft, über die sie nicht gern spricht. Hinter Doktor GagKyll versteckt sich oftmals Mister BosHide. Verbale Gewalt ist ein dunkles Kapitel in der Geschichte der Sprache. Aber wer sich mit ihr vertraut machen will, muss auch um die Gefahren wissen, die auf dem Weg lauern …

Inhalt:
Sprachmissbrauch – Frisch gewaschene Gehirne – Was ist dein Logoskop? – Die Miss Word des Jahres – Darth Wörter – Sprach-Sheriffs – Die Rückkehr der *Redi*-Ritter – Cliffhanger

Missbrauchsvorwürfe

Es ist eine traurige Wahrheit, dass in Deutschland kein Tag vergeht, an dem nicht irgendwo Wörter missbraucht werden. Bedeutungen werden brutal verdreht, Sprichwörter und Redewendungen bis zur Unkenntlichkeit verstümmelt, Zitate aus ihrem vertrauten Zusammenhang gerissen. Die Übeltäter entstammen allen Gesellschaftsschichten, vornehmlich den Kreisen, die sich nach außen gern als Hüter und Schutzbefohlene der Sprache hinstellen: Medien, Marketing und Politik.

Während der eine Bereich vom Geschäft mit Katastrophen und drohendem Unheil lebt und bei jedem aus der Statistik gefallenen Krankheitsfall eine Pandemie diagnostiziert, wird im anderen alles Negative tunlichst vermieden und sprachlich aufpoliert: Aus der Lüge wird die ›alternative Wahrheit‹, aus der Pleite die ›Liquiditätslücke‹, aus der Entlassung die ›unbefristete Freistellung‹. Süßigkeiten, in denen sowieso nie Fett war, sind hochoffiziell ›ohne Fett‹, andere ›noch schokoladiger‹, Waschmittel, die teurer werden, haben ›20 % mehr Inhalt‹ oder sind ›ultra‹ – übrigens ein Anagramm von ›uralt‹. Vor Freude kippt der Verbraucher Asbach in seine Spülmaschine und schenkt sich ein Gläschen Fairy ein.

Im Spannungsfeld dieser beiden Pole werden wir unaufhörlich hin- und hergeworfen, in einem Pingpong-Spiel zwischen Schönfärberei und Panikmache. Unser Lebens-Raum wird erst schwarzgemalt, dann schöngefärbt, dann schwarzgemalt, dann schöngefärbt – bis er aussieht wie das Zimmer eines Teenagers, dessen Persönlichkeit zwischen Emo und Hippie gespalten ist. Von der einen Seite kriegen wir heiß, von der anderen kalt, vollmundig eingeschenkt aus dem gläsernen Krug der Sprache. Doch man weiß ja, was mit Glasgefäßen passiert, in die man abwechselnd heißes und kaltes Wasser gießt.

Darum ist Sprachmissbrauch viel bedrohlicher, als alle Rechtschreibreformen, Anglizismen und Genitivschwünde es zusammen jemals sein könnten. Denn hier werden nicht bloß Form und Erscheinungsbild der Sprache verändert. Hier wird sie ihrer Grundfunktion enthoben, weil sie nicht länger er*klärt* und für Klarheit sorgt, sondern verschleiert. Das Prinzip, dass sie unser Bild von der Welt formt, wird gezielt genutzt, um eine ›noch schokoladigere, alternative Wahrheit mit 20 % mehr Inhalt‹ zu modellieren. Der Trick ist uralt, aber die Wirkung ultra.

Okay, könnten jetzt einige sagen, vor ein paar Kapiteln hat uns der Typ noch erzählt, wie viel Spaß es macht, Wörter *poetisch kokett* umzuformulieren (siehe *Deutsche Sprache, schwere Sprache*, S. 68) – wo ist denn da der Unterschied? Zugegeben, er ist nicht so gut zu sehen, weil er sehr fein ist – so fein, dass er aus der Sprachebene gerutscht ist und zwischen den Zeilen liegt: in der Absicht. Es kommt immer darauf an, worauf eine Umformulierung abzielt – ob man einen Porsche-Motor in einen Trabi einbaut oder einen Trabi-Motor in einen Porsche. Ob man etwas zusammenkocht und dabei riskiert, sich die Finger zu verbrennen, oder um den heißen Brei herumredet, um ihn besser verkaufen zu können. Denn wer sagt, dass der Zweck alle Mittel stets heiligt, wird meist auch zu einem Drittel beteiligt. Darum Sprachverfall hin oder her – die einzig wirkliche Gefahr, die der Sprache droht, ist, dass man sie zweckentfremdet als Gehirnwaschmittel …

Gehirnwaschanleitung

Gehirne sind feinfühlig! Waschen Sie sie
Nur in der Marketingmaschinerie!
Ein Schuss Daily Soap und, je nach IQ-Stufe,
Zusätzlich AufschneideRei aus der You-Tube.

Erst das Hirn einweichen, zwanzig Minuten –
So, dass die Reize es ganz überfluten,
Die Klappe schön halten und schleudern, dann raus da,
Auf Hyperlinks kommt das Hirn in den Browser:

Mit Angebots-Schwemmen wird 's rundum bescheuert,
Charakterfarben per Werbung erneuert,
Und schließlich nach ideeller Verklärung
Dreht man es kurz durch die Mangelernährung –

Tada! Egal, wie verschmitzt es genau war:
Selbst graue Zellen sind geistesblitzsauber!

▬ Hütet Euch vor der dunklen Seite der Sprache!

Jedes Jahr im Januar veröffentlicht die Gesellschaft für deutsche Sprache einen Rückblick, bei dem auch das Wort des Jahres gekürt wird – ein Wort, das die Ereignisse des zurückliegenden Jahres auf den Punkt bringt. Das ist sehr praktisch, weil man anhand der ausgewählten Worte die vergangenen Jahre noch mal Revue passieren lassen kann. Und wenn man stirbt, braucht man nicht mehr sein ganzes Leben vor dem inneren Auge ablaufen zu lassen – es reichen die *Worte des Jahres*.

Das Ganze hat etwas von einem Tagebuch, in das man jedes Jahr nur einen einzigen Begriff schreibt. Oder von einem chinesischen Horoskop – nur dass es statt dem Jahr des Goldenen Drachen eben das Jahr der Schwarzgeldaffäre (2000) gibt und statt dem Jahr der Ratte das Jahr der Finanzkrise (2008). Aus dem Horoskop wird ein *Logoskop* – aber eins, das einmalig ist und sich nicht alle paar Monate oder Jahre wiederholt. Natürlich sind manche Logoskope nicht besonders schmeichelhaft: Wer möchte schon im Jahr der Nulllösung (1981) geboren sein oder im Jahr des Sozialabbaus (1993)? Da bin ich ganz froh, dass ich im Jahr 1 v.W.d.J (vor Wort des Jahres), also 1976, auf die Welt gekommen bin und nicht erst 1978, im Jahr der konspirativen Wohnung!

Allerdings entsteht durch das *Wort des Jahres* der Eindruck, es gäbe im Vokabular so etwas wie einen Superstar – eine *Miss Word*. Zwar ist angeblich keinerlei Wertung beabsichtigt, aber das haben sie bei den Bundesjugendspielen auch immer gesagt. Allein schon durch den Hype in der Presse findet eine Wertung statt: Was der BILD-Zeitung das DSDS-Finale, ist den Feuilletons das *Wort des Jahres*.

Der Eindruck wird noch dadurch verstärkt, dass auch ein *Unwort des Jahres* bestimmt wird, welches anschließend am medialen Marterpfahl landet. Eine Gesellschaft der Gewinner kommt eben nicht ohne Verlierer aus. Mit Sicherheit ist das gut gemeint: Indem man unangemessene Formulierungen und sachlich grobe Wortschöpfungen verurteilt, will man dazu anregen, nicht unüberlegt drauflos zu quasseln. Erst denken, dann reden – so weit, so gut. Aber ist es nicht naiv, anzunehmen, dass es sich bei *Unwörtern* grundsätzlich um versehentliche Fettnäpfchentritte handelt? Die Politiker, Journalisten und Werber, auf deren Konto die meisten Unwörter gehen, wissen in der Regel ziemlich genau, was sie tun, wenn sie die Sprache panschen, damit sie der Öffentlichkeit runtergeht wie Öl.

Außerdem stehen viele *Unwörter* durch die Brandmarkung überhaupt erst im Rampenlicht. Ein Wort lebt davon, dass man es benutzt, und wenn jedes Jahr ein *Unwort* gekürt wird, ist es dadurch in aller Munde. Wie paradox: indem man es ächtet, verschafft man ihm auch noch Auftrieb. Das ist, als würde man jemanden Fliegenpilze probieren lassen, damit er sich merkt, was er in Zukunft meiden soll. Genau wie bei der *randgruppenspezifischen Schönformulierung* beseitigt man den Missstand nicht, sondern reitet auf ihm herum und markiert ihn mit einem extragroßen Schild. Da kann man auch gleich jeden Pickel, den man hat, rot umkringeln und danebenschreiben: »Muss weg!« Viel sinnvoller wäre es doch, solche Begriffe durch Nichtbenutzung zu ächten. Was unsäglich ist, sollte auch ungesagt bleiben.

Ich will nicht bestreiten, dass einem mitunter unaussprechliche Verbalausrutscher begegnen, allen voran die Wortungetüme aus dem Behördendeutsch, aber auch inhaltlich abstoßende Monstrositäten wie ›Rentnerschwemme‹, ›Humankapital‹ oder ›Sozialhygiene‹ – Beispiele, die mindestens auf der Auswahlliste für das *Unwort* standen. Das ist die dunkle Seite der Sprache: Menschenverachtende, verzerrende Ausdrücke, die einen entstellt und verfälscht, die anderen hetzerisch und geprägt von Vorurteilen – Darth Wörter, bei denen einem die Luft asthmatisch röchelnd im Halse steckenbleiben möchte. Sie malen die Welt schwarz-weiß, schüren Angst und Hass und wiegeln auf zu unüberlegten Taten. Der Imperativ schlägt zurück.

Aber kann es wirklich *Un*-Wörter geben? Wer Sprache als etwas Lebendiges ansieht, kann doch nicht einem Begriff seine Wörtlichkeit absprechen. Hinter – nein, vor – jedem Wort steht zuerst ein Gedanke und damit ein Mensch. Die Verantwortung für die Sprache tragen wir, selbst wenn wir nur mit ihr spielen. *Insbesondere* dann, wenn wir mit ihr spielen (siehe *Wo die wilden Worte wohnen*, S. 72). Nur ist nicht jeder dieser Verantwortung gewachsen, oder – noch schlimmer – er pfeift drauf. Der Weg zur dunklen Seite ist der schnelle, simple, er führt über Verallgemeinerungen und geschönte Statistiken – denn undifferenziert redet es sich immer am leichtesten. Warum also strafen wir die Wörter anstelle derer, die sie in die Welt setzen? Kampfhunde kriegen einen Maulkorb – was ist mit Sprachverdrehern? Verleihen wir doch, statt ein *Unwort* zu wählen, lieber den Titel »Sprachpanscher des Jahres«!

Gibt 's unwerte Worte? Verwundert das nicht?
Was kann schon ein Wort für den Mund, der es spricht?
Statt dass Ihr die Worte am Pranger begafft,
Überlegt, was Ihr sagt, vor der Sprachschwangerschaft!

Lasst uns die Worte nicht quäl'n wie Verbrecher,
Wähl'n wir statt Unworten *lieber* Unsprecher *–*
Denn auch wenn Ihr dummschwätzt und jährlich drin rumbohrt,
Kenn ich ein einziges Unwort nur: ›Unwort‹!

☐ Philipp Scharris Sprachsheriff-Stern

Wenn die Wahrheit im Auge des Betrachters liegt, ist offenbar schon was ins Auge gegangen. Was wir brauchen, ist ein Bündnis gegen Sprachmissbrauch. Darum werdet Sprachsheriffs! Helft mit, Falschsprechern und Wortverdrehern das Mundwerk zu legen!

Und so geht's:
Sprachsheriff-Stern kopieren, auf Pappdeckel kleben und ausschneiden. Mit einer Sicherheitsnadel oder zweiseitigem Klebeband an Hemd oder Jacken- revers befestigen. Angst und Schrecken unter Sprachpanschern verbreiten!

Sorgt für Rechtschreibung und Orthographie: der Sprachscharriff!

Ein paar Worte zum Schluss

Wie, das Buch ist schon voll? Mist!

Dabei haben wir noch nicht mal annähernd alles ausprobiert, was man mit der Sprache anstellen kann! Schade, ich hätte noch einiges zu sagen gehabt, hätte vieles gern näher beleuchtet. Aber schließlich muss auch noch was für die Fortsetzung übrig bleiben. Tatsächlich habe ich so viel Material aussortiert, dass es fast für ein weiteres Buch reicht. Also wer weiß, ob es nicht eines Tages einen zweiten Teil gibt …?

Auch wenn wir das Potential an Sprachspielereien nicht ausgeschöpft haben, hoffe ich, es ist deutlich geworden, wie viel mit Worten möglich ist – auch über das gewohnte, alltägliche Maß hinaus. Vielleicht gibt es den ein oder anderen Sprachliebhaber unter Euch, dem in seiner Beziehung zur Sprache schon seit längerem der Schwung fehlt, der das Gefühl hat, das Kribbeln sei verlorengegangen, weil das Miteinander zur Routine geworden ist. In dem Fall kann dieses Buch hoffentlich den Weg für einen kreativen Neuanfang ebnen.

Jeder Mensch braucht Sprache. Nicht zwingend die verbale Sprache, aber irgendeine *Form* von Sprache. Ganz ohne sie, ohne Kommunikation, könnten wir auf Dauer gar nicht leben. Versuche haben gezeigt, dass Säuglinge, mit denen niemand kommuniziert, verkümmern – selbst wenn man sie noch so oft füttert und ihnen iPads und Handy-Flats spendiert.

Die Sprache gehört nun mal zum Menschen, wie der Mensch zu ihr gehört. Und wie auch wir ein Selbstbewusstsein besitzen – ein Bewusstsein, das sich selbst zum Inhalt hat –, können wir der Sprache Leben geben, indem wir sie auf sie selbst anwenden. Ein Wortspiel ist im Grunde nichts anderes als Sprache, die sich selbst zum Inhalt hat. Eine rekursive

Schleife, eine Laufmasche im roten Faden, ein kleiner Knoten auf der Meta-Ebene. Das reicht für einen Scherzschlag auf dem sprachlichen EKG. Kein Grund, den Ruhepuls auf 120 pro Minute zu bringen. Doch das Eigenleben der Sprache liegt in unserer Hand – oder vielmehr auf unserer Zunge.

Sprache ist eine Matrix, ein allgegenwärtiges Wortfeld, das uns umgibt, uns durchdringt. Sie verbindet uns mit allen Dingen und gibt ihnen ihre Namen – Euch, mir, dem Baum, dem Felsen. Sie gibt Farben Klänge und Lauten ein Aussehen, sie gibt Gefühlen Ausdruck und Gedanken Form. Sie zeichnet unsere Welt mit der Stimme, denn sie be*zeichnet* und be*stimmt*. Sie verleiht Bedeutung.

Darum hütet Euch vor der dunklen Seite der Sprache. Lasst Euch von Euren Vokabeln leiten und werdet *Redi*-Ritter! Schwingt Euer mächtiges Leser-Schwert, die Feder, und sorgt für Ordnung in der Lingualaxis! Selbst wenn dafür die Grammatik ab und zu ein wenig verdrehen Ihr müsst …

George Lucas, der Erfinder der *Star Wars*-Saga, beendete einmal ein Interview mit dem berühmten Satz »May the force be with you«, auf Deutsch: »Möge die Macht mit Euch sein.« Leider kannte die deutsche Dolmetscherin weder seine Filme noch das Zitat, und so übersetzte sie: »Am vierten Mai werde ich bei Euch sein!« Sie hatte verstanden: »On May the fourth, I'll be with you!«

In diesem Sinne: Möge die Sprache mit Euch sein!

Ach so! Der Cliffhanger …

… Philipp schloss das Buch und lehnte sich zurück. Geschafft! Die
Sprachpanscher waren besiegt, ihre Schlagworte zertrümmert.
Sein Blick fiel auf den Boden, der mit Spruchstücken und ver-
kohlten Lettern übersät war. Daneben spielte die Sprache fried-
lich hinter den Buchstäben ihres Laufgitterrätsels, als hätte sie
von allem nichts mitbekommen.
Er bückte sich nach den verstreuten Schriftzeichen. Jetzt, da sie
ihre feste Bedeutung verloren hatten, waren sie ganz weich und
biegsam. Er nahm ein ›T‹, ein ›O‹ und ein ›R‹, brach dem ›R‹ einen
Fuß ab, so dass ein ›P‹ übrig blieb, und drückte es zusammen mit
dem ›O‹, so tief er konnte, in das ›T‹ hinein.
PO in T.
Dann nahm er die Sprache sanft auf den Arm und verließ mit ihr
den Wortspielraum.
Einen Augenblick lang geschah nichts.
Da auf einmal rührte sich einer der Buchstaben. Lautlos und ge-
spenstisch, wie von einem unsichtbaren roten Faden gezogen,
rollte er über den Boden der Tatsachen, erst langsam und sachte,
dann immer schneller. Auch die umliegenden Lettern gerieten in
Bewegung. Von allen Seiten glitten sie heran, kullerten über-
einander hinweg und fanden sich in der Mitte zu einem brodeln-
den Klumpen zusammen. Schließlich glitten sie auseinander und

FOLGTEN GOTTS FURZ

Ein unruhiges Zittern ging durch die drei Worte, als sei dies noch
nicht die beabsichtigte Form. Erneut ballten sich die Buchstaben
zusammen, um gleich darauf zu einer neuen Reihe auseinander-
zugleiten.

GOLF STROTZT FUGEN

Auch das schien nicht dem gewünschten Ergebnis zu entsprechen.
Wieder lösten sich die Worte auf und formierten sich neu.

FROST FOLGT ENTZUG

Und wieder.
Nach kurzem Innehalten ging abermals ein Schauer durch die
Worte, doch diesmal schien er ein Zeichen von Behaglichkeit zu
sein. Endlich hatten sie die richtige Form gefunden:

FORTSETZUNG FOLGT …

Kapitel 9
Zugabe

■ In diesem Kapitel

Ihr kennt das sicher: Die langersehnte Beförderung geht an einen Kollegen, der nicht halb so gut qualifiziert ist wie Ihr – bloß weil er schon ein bisschen länger gewartet hat! Bei der Auswahl der Texte für dieses Buch hatte ich das gleiche Problem: Einige Nummern standen in der Warteschlange vor der Druckmaschine ganz weit vorn, aber thematisch wollten sie einfach nicht passen. Da ich die Textstellen des Buches nicht an weniger qualifizierte Inhalte vergeben, aber gleichzeitig so wenige Bewerber wie möglich übergehen wollte, habe ich für sie kurzerhand eine eigene Abteilung gegründet! Und der Job geht an …

Inhalt:
Die Katze und das Butterbrot – Briefträger zum Selberbasteln – Vorformulierte Phrasen für Feuilletonisten – Kontaktaufnahme – Jede Menge unerwünschter Werbung – Danke

Scharris Tierleben: Von Pfoten und Broten

Nach uraltem Satz gilt bei fallenden Tieren:
Nur die Katz landet auf all ihren vieren –
Ein Hund oder Hase schlägt wund sich die Nase,
Und der Wal ohne Beine ist Wal, doch hat keine.

Ein andres Gebot besagt, ganz unglaublich,
Bestreicht man ein Brot, fällt es stets auf den Aufstrich.
Gleichzeitig schweigt es sich aus, was passiert,
Wenn man das Brot beidseitig beschmiert.

Zwei Regeln also, obgleich so konträre,
Bestimmen laut Lehre den Lauf unsrer Sphäre –
Doch wer setzt sich durch, wenn man einmal den Test macht
Und am Rücken der Katze das Butterbrot festmacht?

Kommt es zum Kampf zwischen Pfoten und Pausenbrot?
Reißt es die Katze entzwei, die dann mausetot?
Dreht es dem Kätzchen die Tätzchen nach oben?
Oder löst sich die Butter und landet am Boden?

Rutscht das Brot mit 'nem Schwung auf die Brust?
Sorgt das Tier mit der Zunge für Butterverlust?
Kommt es abwechselnd rücklings und auf Pfoten zu stehen,
Weil die Seiten sich streiten, zu Boden zu gehen?

Verharren die Gegner schwebend im Flug,
Weil die Schwerkraft für zweie nicht wehrhaft genug?
Ja, rotieren gar beide in endloser Odyssee:
Katze mit Brot – das Perpetuum mobile?

Oder hebt 's, wenn die Kräfte um Vorherrschaft rangeln,
Am Ende die Gravitation aus den Angeln?
Was Newton beim Fall eines Apfels erdacht,
Wird vom Fall einer Katze zu Fall gebracht …

Der Physik entzieht es das Fundament,
Sie verkriecht sich, blamiert bis aufs Unterhemd,
Der Kreis der Naturwissenschaften – er taumelt,
Ein Riss klafft im Speis, der den Weltraum im Zaum hält!

Schon müht sich die Logik, den Spalt zu verstellen,
Weil Wellen von Teilchen ins Nichts hinausquellen,
Der Glaube hilft mit, doch der Zufall, der schneller lief,
Lockert die Schrauben – und alles wird relativ:

Zeitfenster bersten, Schallmauern splittern,
Die ersten Säulen der Erde erzittern,
Schon fallen die Gegensätze zusammen,
Weil Quarks ungeladen die Wände rammen,

Der Determinismus steht hilflos daneben:
Die Katze ist tot und zugleich am Leben!
Völlig entblößt steh'n auch Yin und Yang da –
Der Dualismus im Superstring-Tanga!

Die ganze Unendlichkeit wackelt und schwankt,
Bis der Subraum sich krümmt – so, als wäre er krank,
Nur das Schicksal, das sonst immer Spaß verstand,
Holt den Masterplan beim Katasteramt,

Doch zu spät: Das All verliert Stabilität,
Dass selbst M. C. Escher im Grabe sich dreht,
Dazu spricht die Zeit leis' ihr Abendgebet
Und bleibt stehen, weil ihr das Vergehen vergeht,

Und während die kosmische Häuserfront
Versinkt am Ereignishorizont,
Grölt die Entropie: »Wen kümmern Konstanten!?«
Und tanzt auf den Trümmern mit nackten Quanten!

Und Gott, der vom Schöpfen erschöpft den Pyjama
Sich zuknöpft, ahnt metaphysisch ein Drama.
Beim Ausmaß des Schadens tobt sogar Mephisto:
»Die Katze ins Tierheim, das Brot in ein Bistro!«

Beim Krisenrat löst man den Gordischen Knoten:
Man leugnet das Dasein von Pfoten und Broten,
Und in der Hoffnung, dass weiter kein Depp sich beschwert,
Wird der Vorfall still unter den Teppich gekehrt …

Die Katze indessen tangiert all das nicht.
Ihr diente ein Mäuschen als Jüngstes Gericht.
Jetzt wetzt sie schnurrend am Brot ihre Krallen,
Um bald wieder auf alle viere zu fallen.

Es folgt: Das Paradoxon bleibt unerklärlich,
Denn das Experiment ist viel zu gefährlich:
Das ist für jeden leicht nachzuempfinden,
Der versucht, einer Katze ein Brot aufzubinden …

Der Briefträger von Fabuland

Wie gern bin ich in den Kindergarten gegangen! Im Kindergarten gab es *richtiges* Spielzeug: Legosteine statt Holzbauklötze, *Masters of the Universe* statt Fingerpuppen aus Filz – nicht so wie bei mir zu Hause. Darum war es nicht ungewöhnlich, dass ich im Kindergarten spielte wie ein Besessener, um auch am Nachmittag noch davon zehren zu können.

Nur heute war das anders. Die Spielsachen waren mir egal, auch meine sonst üblichen Beschäftigungen lockten mich nicht: Ich pinkelte nicht in den Sandkasten, ich zündete keine Insekten an, ich knotete die Mädchen nicht mit den Zöpfen an der Wippe fest. Nicht mal Astrid-Ärgern wollte ich, obwohl das mein Lieblingsspiel war. Es lief immer gleich ab: Man fragte Astrid, »Na, *wie* heißt du?« Und weil sie Schwäbin war, sagte sie: »Aschtrid« – und den bekam sie dann auch …!

Doch es gab einen Grund für meine Unlust: den Briefträger von Fabuland. Den nämlich hatten mir meine Eltern versprochen, obwohl Fabuland eigentlich Plastikspielzeug war. Aber die Figuren hatten Tierköpfe – und weil Tiere in der Welt meiner Eltern grundsätzlich friedliebend waren, konnte das so schlimm ja nicht sein. Ich war außer mir vor Glück – und in meiner Vorfreude vergaß ich alles um mich herum.

Sogar den Langen Lars.

Der Lange Lars war eigentlich nicht sehr lang, im Gegenteil, er war das Dicke Kind in unserer Spielgruppe, das Kind, das immer alle anderen verhaut. Am Anfang, wenn sie die Gruppen bilden, stecken sie in jede Gruppe ein Dickes Kind. Das machen sie absichtlich, um selber Kräfte zu sparen. Trotzdem nannten wir ihn den Langen Lars, und er fühlte sich jedes Mal geschmeichelt, dabei hieß er so, weil er so eine lange Leitung hatte.

In meiner Begeisterung muss ich wohl vor mich hin gemurmelt haben, denn auf einmal stand der Lange Lars vor mir: »Dem Briftrega vom Fabuland?«, schnaufte er. »Dem bringsu mir morgen mit!« Und als ich widersprach, demonstrierte er mir an einem glücklosen Glücksbärchi, was passieren würde, wenn ich nicht gehorchen sollte. Dann verdrosch er mich noch ein bisschen, aber nur so aus Gewohnheit – ohne es persönlich zu meinen.

Geknickt schlich ich nach Hause. Nur einen Nachmittag hatte ich, einen einzigen Nachmittag, an dem der Briefträger von Fabuland mir gehören sollte. Doch es kam noch schlimmer. Denn in dem gebatikten Stoffbeutel, der an der handgedrechselten Türklinke meines Kinderzimmers auf mich wartete, fand ich … einen Briefträger aus Holz!

Als ich durch den Schleier von Rotz und Tränen wieder etwas sehen konnte, auf dem Boden liegend, auf dem ich mich brüllend gewälzt hatte, verstand meine Mutter es immer noch nicht: »Was ist denn los? Briefträger ist doch Briefträger …?«

Wie konnte sie das behaupten!? Der Holzbriefträger war ein dummes steifes Stück Stock mit debilem Grinsen und aufgemalter Wasserfarbenfrisur! Aber der Briefträger von Fabuland war eine Bulldogge! Eigentlich bescheuert: ausgerechnet ein Hund als Briefträger? Der müsste ja sofort auf sich selbst losgehen. »Du immer mit deinem Plastikzeug«, meinte auch mein Vater – und dann kam der Satz, den ich gefürchtet hatte. Der Satz, der immer kam, wenn ich mir ein neues Spielzeug wünschte! »Das kann man doch viel besser … *selberbasteln!*«[4]

---

[4] Darf als Fachterminus zusammengeschrieben werden. Erlaubt nach der Rechtschreibnovelle RC06/IIb.

Selberbasteln. Mein Vater wollte immer alles selberbasteln. Ob Piratenschiff, Mondlandschaft oder Ritterrüstung – alles wurde selbergebastelt! Mein Spielzeugregal war vollgestopft mit selbergebastelten Puppenstuben, selbergebastelten Kaufmannsläden, selbergebastelten Indianerzelten – und natürlich war auch das Regal selbergebastelt! Aber ich hasste selbergebasteltes Spielzeug! Ich wusste, wer mit selbergebastelten Sachen spielte, der kam später in die Waldorffschule!

Und ich wollte keine selbergebastelten Spielsachen aus laubgesägtem Balsaholz mit anthroposophisch abgerundeten Ecken, das man mit Kräuterölen eingerieben hatte, um die soziale Entwicklung der Kinder zu fördern, wollte keine Engelchen aus Bioschafwolle mit Wattehaaren aus dem Dritte-Welt-Laden! Ich wollte teures, glänzendes Spielzeug voller Schadstoffe, von denen man Allergien bekam! Spielzeug aus bunten Plastikteilen, von unterernährten Lohnarbeitern in 20-Stunden-Schichten irgendwo in Nicaragua am Fließband hergestellt für zehn Pfennig am Tag! Spielzeug, das man *einmal* ansah und dann im Regal verstauben ließ – Hauptsache, man war nicht der Einzige, der *keine* neue Raumstation zu Weihnachten bekommen hatte!

Da ging 's doch nicht um Spielzeug – da ging 's um meine *Credibility!* Was wussten denn meine Eltern von den Gesetzen der Straße, den ungeschriebenen Regeln, die im Sandkasten herrschten!? Da wurden keine Andersspielenden geduldet!

Nur einmal in meinem Leben hatte ich etwas selbergebastelt – einen elektrischen Stuhl für meinen Hamster, und das war ein Notfall, den gab es nämlich nicht zu kaufen, nicht mal aus Plastik, warum, weiß ich bis heute nicht. Aber das kam in diesem Fall nicht in Frage, schließlich wollte der Lange Lars den Briefträger haben, und so lang war nicht mal seine Leitung. Außerdem war er fett und bösartig, am liebsten aß er die

Urzeitkrebse aus dem YPS-Heft, und an seinem Gürtel hingen die abgerissenen Köpfe erbeuteter Barbiepuppen. Ja, der Lange Lars zertrat deine Sandburg nicht einfach, der fraß sie auf! An einem Stück, *hamm!* Weg die Sandburg! Lars fraß so viele Sandburgen, der konnte mit der Zunge die Rinde von den Bäumen schmirgeln. Wenn der nach dem Spielen nach Hause kam, dann machte er einen Ziegelstein ins Töpfchen!

Fast die ganze Nacht lag ich wach, ohne einen Ausweg zu finden. Bis mir ein rettender Engel zu Hilfe kam. Zuerst dachte ich, ich hätte den Stoffbeutel an der Tür hängen lassen, aber dann sah ich, dass es ein neuer Beutel war – und was ich herauszog, war … der Briefträger von Fabuland. Oder das, was er gewesen wäre, hätte Rudolf Steiner ihn entworfen: Jemand hatte der Holzfigur eine Walnuss als Kopf aufgesetzt, ein lustiges Hundegesicht daraufgemalt und mit zwei Reiskörnern beklebt. Na ja, sollten ja auch Reißzähne sein.

Mein Vater. Er hatte den Briefträger von Fabuland … selbergebastelt. Im ersten Augenblick wollte ich das Bio-Ungetüm in die Ecke schmeißen. Doch dann kam mir plötzlich eine Idee – eine Idee, die gerade verzweifelt genug war, um zu funktionieren …

»Is' *das* dem Briftrega vom Fabulamd!?«, schnaufte der Lange Lars am nächsten Morgen, als ich ihm die ökologisch korrigierte Spielfigur hinhielt. Ich konnte sehen, wie sich die Räder in seinem Kopf drehten, wie sie knirschten – und zum Stillstand kamen. Und dann geschah, worauf ich gehofft hatte. Der Lange Lars machte das, was er mit allen Dingen tat, die er nicht verstand: Er schob den Briefträger in den Mund! Ich hörte, wie er die Walnuss knackte, ich sah schon den Triumph in Lars' Augen aufblitzen – ehe er abrupt innehielt und langsam rot anlief …

Zum Glück musste ich nie am eigenen Leib erfahren, was ein Cocktail aus Sojasauce, Essig, Meerrettich und Chilipulver mit der Zunge eines Menschen anstellt. Doch das Bild des aufgedunsenen Fleischklumpens, der aus Lars' Mund quoll, hing mir auch dann noch nach, als seine Schreie schon längst zwischen den Wohnblocks verhallt waren.

Irgendwann habe ich ihn doch noch bekommen – den echten Briefträger von Fabuland. Ich besitze ihn schon lange nicht mehr, genau wie all das übrige Plastikspielzeug. Denn ich weiß, wenn ich einmal Kinder habe, die unbedingt die große LEGO-Ritterburg oder die neue Barbie-Yacht haben müssen, dann sage ich ihnen …

Ach, ihr wisst schon, was ich ihnen sage.

Philipp Scharris Phrasen-Katalog für Buchkritiker

Sehr gut bis Gut

… bietet einen Frontalangriff auf die Lachmuskeln.

… trifft jede Pointe ins Schwarze.

… lässt kein Auge trocken.

… feuert kraftvolle Wortspiel-Salven auf den Leser ab.

… begeistert durch hintersinnigen Humor und Sprachwitz.

Mäßig bis Mittelmäßig

… bleibt nicht ganz frei von Schönheitsfehlern.

… kann trotz technischer Mängel überzeugen.

… mit leichten Abzügen in der B-Note durchaus gelungen.

… entfaltet sich turbulent, doch kommt der Stein nicht ins Rollen.

… ist mal schräg, mal lustig, mal kreativ, doch nur selten zugleich.

Schlecht bis Grottig

… lässt den Leser ratlos zurück.

… hält keine großen Überraschungen bereit.

… waren die Pointen anderswo schon geschliffener zu lesen.

… geht das Ringen um starke Bilder zu Lasten des Ausdrucks.

… gerät fortwährend zur Zote, die mit Albernheiten durchsetzt ist.

SELBERBASTEL-BOGEN

☐ Philipp Scharris Analog-Kontaktformular

Stimmt etwas nicht im Buch? Habt Ihr einen Fehler gefunden? Seid Ihr in einer Sache definitiv der Klügere? Habt Ihr eine neue Beziehungskiste entdeckt (siehe *Anleitung: Das Beziehungskisten-Bingo*, S. 103) oder eine PoeSims geschrieben (siehe *Philipp Scharris Poe-Sims*, S. 154)? Dann her damit!

Oder wollt Ihr mehr? Mehr lesen, mehr erfahren, mehr ausprobieren? Ist Euch ein Buch in Zeiten von ADHS und Multimedia zu analog? Wollt Ihr meine Stimme hören oder mir lieber gleich dabei zuschauen, wie ich die Gedichte aus diesem Buch performe? Dann her mit Euch!

Und so geht's:

Computer einschalten, Browser öffnen und folgendes in die Adresszeile eingeben:

www.derklügere.de

Auf meiner Webseite zum Buch findet Ihr Bilder, Videos und Texte, darunter Gedichte, die es nicht durchs Lektorat geschafft haben, Ergänzungen zu den Sprachspielen im Buch – und natürlich einen ausführlichen Tourplan! Habe ich noch irgendetwas vergessen? Ach, surft am besten vorbei und schaut selbst …

SELBERBASTEL-BOGEN

263

Philipp Scharri zum Mitnehmen

Der Klügere gibt Nachhilfe
Live-CD (2010): Gedichte und
Lieder aus dem gleichnamigen
Programm – mit Bonus-Track.

Bestellbar unter
www.philippscharri.de

Und dieses Land heißt Poesie
CD (2009): Slam-Texte, Gedichte
und Geschichten, sowohl Live-
als auch Studio-Aufnahmen.

Bestellbar unter
www.philippscharri.de

Wenn Ihr mich für einen Auftritt buchen
möchtet, wendet Euch für Infos und
ausführliches Presse-Material bitte an
meine Agentur:
URS ART
Hoheluftchaussee 57
20253 Hamburg
+49 (0)40 423 00 00
www.ursart.de

Blu-Print Edition

»Der Klügere gibt Nachhilfe« – Special Collector's Edition!

Blu-print Book

Bestehend aus drei Bänden in der Sammelbox. Über 500 Seiten an Extras: entfallene Kapitel, Interviews, Writing Of, Autorenkommentar und alternatives Ende!

Erhältlich als Blu-print im extrabreiten Querformat! Blu-print entspricht dem HD-Standard (Hoch Druck) und garantiert ein gestochen scharfes Druckbild mit 4,7 Millionen Pixeln.

Hochauflösende Buchstaben in atemberaubender Qualität für ein noch besseres Heimlese-Erlebnis! Jetzt auch in 3D – das erste Buch mit 3 Deckeln!

Noch nie war Lesen so real.

Ich mit meinem Buddy Goethe am Gardasee, wo ein großer Teil dieses Buches entstanden ist.

Danke

Bedanken möchte ich mich – weil manche Klischees zwar abgedroschen sein mögen, aber deshalb nicht weniger von Herzen kommen – zuallererst bei meinen Eltern: bei meinem Vater, der mich bei allem unterstützt und in der unbeirrbaren Hoffnung, es könne vielleicht doch etwas Vernünftiges aus seinem Sohn werden, mit Engelsgeduld durchs Studium hindurchfinanziert hat, und bei meiner Mutter, die mit ihrem unnachahmlichen, ansteckenden Tatendrang den Funken der manischen Kreativität in mir entfacht hat und die nun womöglich von wer-weiß-wo aus zuschaut und dabei hoffentlich ihren Spaß hat.

Bei Isabel, die immer präsent ist, immer zuhört und die mit unglaublichem Gespür für die Gezeiten des menschlichen Wesens *immer* (ich weiß nicht, wie sie es macht!) die richtigen Worte findet.

Bei denen, die dieses Buch möglich gemacht haben: bei meinem umtriebigen Manager Urs Wiegering für seine phantastische Arbeit und bei dem famosen Team von URS ART, bei Felix Rudloff, der das Projekt ins Rollen brachte, bei Steffen Geier und dem Team des Fischer Verlags für ihre Betreuung, Unterstützung und Mitarbeit.

Bei Volker Collmann, dessen phänomenale Illustrationen mich aus den Socken gehoben haben – allen voran der Comic zu *Kochen bei Kants*. Bei Mathias Repiscus für seinen scharfen Blick und seine unerbittliche Feinarbeit, bei Büro Überland für die Gestaltung des Buchcovers, bei Linn Marx für die spaßige, wenn auch anstrengende Photo-Session. Bei Ulf Michels für die ersten Gedankenanstöße, bei Eva Döll und Benjamin Klopp für ihre wundervolle Umsetzung des *Beziehungskisten-Bingos*, bei der lustigen Runde im Hotel Castello Lake Front für anregende Gespräche unter dem mediterranen Sternenhimmel.

Und last, but not least bei Liese-Lotte Lübke für die schönen Momente und die genau richtige Mischung aus Geduld, einem offenen Ohr und dem gelegentlichen Tritt in den Hintern für den ewig (ver-)zweifelnden Autor!